독서는 권력이다

-지식서와 수필서

박주선 지음

청어 도서출판

독서는 권력이다 - 지식서와 수필서

박주선 지음

발행처·도서출판 **청어**
발행인·이영철
영　업·이동호
홍　보·최윤영
기　획·천성래 | 이용희
편　집·방세화 | 원신연
디자인·김바라 | 서경아
제작부장·공병한
인　쇄·두리터

등　록·1999년 5월 3일
(제321-3210000251001999000063호)

1판 1쇄 인쇄·2017년 3월 20일
1판 1쇄 발행·2017년 3월 30일

주소·서울특별시 서초구 효령로55길 45-8
대표전화·02-586-0477
팩시밀리·02-586-0478

홈페이지·www.chungeobook.com
E-mail·ppi20@hanmail.net
ISBN·979-11-5860-466-0 (03190)

이 도서의 국립중앙도서관 출판시도서목록(CIP)은 서지정보유통지원시스템 홈페이지
(http://seoji.nl.go.kr)와 국가자료공동목록시스템(http://www.nl.go.kr/kolisnet)에서
이용하실 수 있습니다.(CIP제어번호: CIP2017001728)

독서는 권력이다

-지식서와 수필서

책은 살아있다. 왜냐하면 정신과 혼을 지니고 있기 때문이다. 그래서 책은 친구가 될 수 있다. 책은 정의롭지 않은 것에 대해 분노를 가르쳐 주고, 가난하다 하여도 만족을 가르쳐 준다. 피터 드러커는 "위대한 사람은 탄생되는 것이 아니라, 만들어지는 것이다"라고 하였다. 그리고 이러한 위대한 사람들의 공통점은 모두다 독서를 통하여 만들어졌다는 것이다. 이것은 명백한 사실이다.

영국에서 가장 존경받는 정치인이자 노벨상 수상자인 윈스턴 처칠은 고등학교를 졸업할 때까지 줄곧 꼴찌를 도맡았지만 하루에 다섯 시간 이상 책을 읽으며 손에서 책을 놓지 않았다. 또 책을 읽을 때에는 '세 번 반복해 읽고 네 번 익혔다(三復四溫, 삼복사온)'는 모택동은 눈병이 나서 책을 못 읽을 때에도 비서에게 책을 읽게 하였고, 나폴레옹은 전쟁 중에도 수레에 5만 권의 책을 싣고 출정을 할 정도였다. Not all readers are leaders, but all leaders are readers.(모든 독서가가 리더가 되는 것은 아니지만, 모든 리더는 독서가다)라고 말한 미국의 투르먼 대통령은 15세 이전에 이미 고향 도서관에 있는 책을 모두 읽은 것으로도 유명하다. 그리고 아인슈타인은 "지구가 멸망한다 하더라도 책만 있으면 다시 복구할 수 있다"고 하였다.

독서를 하는 것은 삶을 행복하게 만드는 일이다. 독서는 사람의 생각을 바꾸고, 만든다. 사람의 일생은 '생각'에 의하여 성공과 실패, 부귀와 공명, 그리고 즐거움과 괴로움이 결정된다 하여도 과언이 아니다. 우리는 그렇게 생각에 의하여 행동하고, 기뻐하고, 다른 사람과 교제하며 살아가는 것이다. 생각에 따라서 자신의 인생이 좌우되는데, 이처럼 생각을 가꾸고, 생각에 영양분을 주고, 바라보는 시각을 바꾸어 주는 것이 바로 '책'이다.

책은 크게 지식서와 수필서로 나눌 수 있는데, 지식서는 말 그대로 지식과 정보를 얻게 해주고, 수필서는 내면을 강하게 하고 훌륭한 가치관을 길러줘 인격을 갖추게 해준다. 이 책은 지식서와 수필서가 우리의 생각에 어떻게 영향을 미치는지, 우리의 삶을 어떻게 바꾸는지, 또 어떤 책을 읽어야 하는지부터 어떻게 읽어야 하는지를 정리해 보았다.

모든 사람들은 성공을 쫓는다. '성공'이란 단어는 원하는 무언가를 이루었을 때 쓰는 말인데, 성공하기 위해서는 먼저 자신이 원하는 구체적인 목표가 있어야 한다. 그리고 그 목표를 이루기 위해서 자신의 모든 생각과 시간, 그리고 행동을 쏟아부을 때 성공을 이룰 수 있게 된다. 물론 그것을 이루는 과정에는 지뢰처럼 숨겨져 있는 시행착오와 실패가 있지만, 거기에서 생기는 상처를 치료하고, 시련을 극복하며 꾸준히 목표를 향하여 나아간다면 누구나 원하는 자신만의 '성공'을 이룰 수 있게 된다. 물론 사람마다 그것을 이루는데 걸리는 시간은 다르긴 하겠지만, 결국 끝까지 행하면 모두 이룰 수 있다. 그리고 여기에서 빠질 수 없는 것이 바로 '책'이다. 지식서는 성공에 이르는 방법을 가르쳐 주지만, 수필서는 사이사이에 숨겨진 시행착오와 실패에 대하여 위로와 격려를 해준다. 즉 몸에 생긴 상처는 의사가 치료해 주지만, 정신적 시련에서 오는 상처는 수필서가 치료해 주어 각자가 원하는 성공에 이를 수 있게 해준다.

이 세상에 영원한 것은 없다. 슬픔도 성공도 시간이 지나면 모두 색이 바래고, 여운도 감소된다. 오늘의 사실이 내일에는 거짓이 될 수도 있고, 오늘의 슬픔이 내일의 즐거움이 되기도 한다. 모든 사람의 삶은 제한되어 있다. 이 한정적인 인생을 최대한 즐거움으로 채우고, 빛나는 삶으로 만들기 위해서는 각자의 분명한 목적이 있어야 한다. 목적은 자신이 나아갈 길을 비추어주고, 그 길을 만들어 주기 때문이다. 다만 자신은 성실로 그 길을 걸어야 한다. 나머지는 모두 관광에 불과하다.

시간은 누구에게나 똑같이 하루에 24시간이 주어진다. 하지만 그것을 어떻게 사용하느냐에 따라서 시간이 지나갈수록 각자의 인생은 크게 달라진다. 더구나 평균 81세까지 사는 지금의 시대에서는 더더욱 차이가 나게 된다. 하루의 조금이라도 내일을 위해서 준비하는 것이 없다면 각자의 미래는 조금씩 어두워지게 될 것이다. 무엇을 준비해야 할지, 어떻게 준비해야 할지는 모두 각자에게 달려있지만, 가장 좋은 방법은 독서를 통해서 '미래를 볼 수 있는 시야'를 갖는 것이 가장 먼저 갖춰야 할 현명한 방법이다. 그다음 실행에서 시행착오를 줄여야 한다.

독서는 건강한 삶을 살기 위해서는 버릴 수 없는 습관이다. 독서를 통하여 새로운 시각을 갖고, 지식을 함양하고, 멀리 다양성을 인정할 수 있는 사람이 된다면 개인은 물론 사회도 더욱 발전하게 될 것이다.

이 책을 고향에 계신 부모님, 오기명, 그리고 가족들, 장교식 교수님, 박병도 교수님, 행정법 공부방원들, 김동현 박사, 강인호, 임영환, 윤환철 그리고 독자늘에게 바진다.

박주선

chapter 3 독서의 이점

chapter 4 지식서와 수필서(무엇을 읽을 것인가)

chapter 5 독서는 권력이다

chapter 6 독서의 단계

chapter 7 독서법

chapter 1
행복을 얻는 방법 – 지·덕·체

행복한 사람이 되기 위해서는 긍정적이고 재미있게 살려고 노력하여야 한다. 자신이 어떤 것을 할 때 기분이 좋아지는지, 그것이 자신의 미래에 도움이 되는지도 알 수 있어야 한다.

행복을 얻는 방법 – 지·덕·체

행복은 즐거움의 양과 비례한다.

−박주선

즐거움이 모이면 행복이 된다

아리스토텔레스(Aristoteles, 기원전 384~기원전 322)는 인간 삶의 목적은 행복이라고 말한다. 우리가 열심히 공부하고, 좋은 대학에 입학하고, 좋은 직장을 얻는 것 등 모든 행동은 궁극적으로 행복을 위한 것이고, 행복은 어떤 것의 수단이 아닌 목적 그 자체라고 생각했다. 그렇다. 행복이란 인간의 가장 보편적인 욕망이다. "행복은 삶의 의미이며 목적이고 인간 존재의 온전한 목표이며 목적이다"라는 아리스토텔레스의 말처럼 행복은 인생의 가장 궁극적인 가치이다. 누구나 제한된 자신의 삶을 행복으로 가득 채우길 바라고 있다.

행복이란 즐거움의 '장기(長期)'적인 개념이다. 즉 즐겁고 재미있는 시간을 많이 보냈을 경우, 우리는 그 '기간'을 '행복하다'라고 말한다. 즉 행복이란 어떤 기간 동안 즐거운 시간이 고통이나 무료한 시간보다 많은 경우이다. 모든 감정은 시간이 지날수록 감소하게 되어 있다. 순간적인 즐거움이나 기쁨도 역시 일시적인 감정이지만, 이러한 즐거운 시간을 합한 값이, 즉 오랜 기간 동안 그 즐거움이 계속 유지되었을 경우 행복이란 단어로 정의(定義)할 수 있는 것이다.

물론 이 즐거움을 충족하는 것은 사람이나 상황에 따라서 다르다. 시험을 준비하는 학생에게는 합격일 수도 있고, 짝사랑을 하는 젊은 이에게는 그의 사랑이 이루어지는 것일 것이다. 분명한 것은 매일매일 즐겁고, 재미있게 산다면 행복한 인생을 살았다고 할 수 있다. 하지만 인간의 삶이란 행복과 고통이 섞여있다. 해야 할 일과 하지 말아야 할 일, 하고 싶은 일과 강요되는 일들은 사람에게 행복과 고통이란 감정을 만들어 낸다. 일단 기본적으로 사람은 하고 싶은 일을 할 수 있는 자유에서 행복을 느끼고, 하기 싫은 일을 하도록 하는 강요에서 고통과 불행을 느끼게 된다. 따라서 다른 사람에게 피해를 주지 않는 한에서, 즉 법과 도덕을 어기지 않은 범위 내에서 자유롭게 자신의 즐거움을 찾는 것이 자신의 삶을 행복하게 하는 가장 좋은 방법인 것은 분명하다.

행복한 사람이 되기 위해서는 긍정적이고 재미있게 살려고 노력하여야 한다. 자신이 어떤 것을 할 때 기분이 좋아지는지, 그것이 자신의 미래에 어떻게 도움이 되는지도 알 수 있어야 한다. 그러려면 아폴론 신전에 써 있는 "너 자신을 알라"의 말처럼 자신을 돌아보고, 반성할 줄 알아야 한다. 다음은 사람이 행복을 느끼기 위해서는 어떤 노력을 해야 하는지를 알아보도록 하자.

육체적 행복

사람은 크게 육체(肉體)와 정신(精神)으로 이루어져 있다. 따라서 행복한 삶이란 육체와 정신이 건강하고, 즐거운 삶을 사는 것이다. 육체는 정신을 담는 그릇이 되어 육체가 죽는다면 그 정신은 흩어지게 된다. 또 정신이 온전치 못하다면 그 육체 역시 제대로 된 값어치를 못하고 자신뿐만 아니라 다른 사람에게 죄를 짓고, 피해를 주며 살아가게 된다. 또 육체가 추위를 느끼거나 병이 들고, 고통과 쾌감을 느낄 수 있는 것처럼, 정신 역시 즐거움과 고통을 느끼고 병이 들 수 있다. 결국 행복과 불행은 모두 자신의 육체와 정신에 있다고 할 수 있다. 인간이 느낄 수 있는 행복도 이렇게 육체적 행복과 정신적 행복으로 나눌 수 있다. 즉 인간에게 가장 완벽한 행복을 느낄 수 있는 방법은 육체적 그리고 정신적인 행복을 모두 만족시키는 것이다.

육체적 행복은 의식주(衣食住)의 충족과 수면욕, 식욕, 성욕 등 사람으로서 누려야 할 기본적인 물리적 충족이다. 또 이는 노력하는 사람이라면 누구나 누릴 수 있는 또 누려야 하는 아주 기초적인 행복인 것이다.

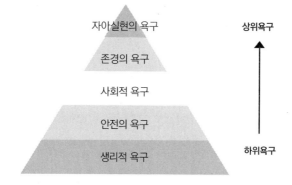

매슬로우(Abraham Maslow)의 욕구단계설에 의하면 인간의 행동은
각자의 필요와 욕구에 의하여 유발되는데, 하위단계의 욕구가 어느
정도 충족이 되었을 때 점차 상위욕구로 나아간다고 본다. 즉 하위욕
구(Deficiency needs)는 부족해서 생기는 욕구이고, 상위욕구(Growth
needs)는 더 성장하고 싶어서 생기는 욕구인데, 처음에는 뭔가가 부
족하다고 느껴서 그것을 채우기 위하여 욕구가 생기고, 이 욕구가
충족이 되면 곧 다른 종류의 부족함을 느끼게 되고, 그 부족함을 채
우기 위하여 단계적으로 행동을 한다는 것이다. 이 욕구에는 의식
주 생활에 관한 생리적 욕구, 신체적 정신적인 안전을 추구하는 안전
의 욕구, 어떤 단체에 소속되어 느끼는 소속감과 주위 사람에게 사
랑받고 있음을 느끼는 애정의 욕구, 타인에게서 인정받고자 하는 존

경의 욕구, 자기만족을 느끼는 자아실현의 욕구가 있다. 하위욕구는 물리적이고 육체적인 욕구에 해당하지만 상위욕구는 정신적인 욕구에 해당한다.

"백성은 나라의 근본이요, 백성은 밥을 하늘로 삼는다"는 세종대왕의 말씀은 의식주는 모든 사람들에게 삶의 근본이 된다는 말로 그 당시 먹을 것을 걱정하지 않아도 되는 돈 많은 사대부나, 귀족들에게는 다른 즐거움이나 걱정거리가 있었겠지만, 그렇지 않은 일반 백성에게는 먼저 먹고사는 눈앞의 하위욕구를 충족시키는 것이 우선 과제이고, 또 그것을 해결하도록 노력해야 하는 것이 본인이 최우선적으로 해결해야 하는 일이라 생각하셨다. 살기 좋은 나라란 당장 먹고사는 문제를 걱정하는 것이 아니라, 욕구들 중에서 좀 더 상위의 욕구를 느끼는 사람이 많은 나라가 좋은 나라인 것이다. 모든 권력은 정당성이 있어야 하는데, 백성의 의식주를 해결해 주고 근심, 걱정을 덜어주는 것만큼 선행되어야 하는 일차원적인 정당성은 없을 것이다.

이 육체적 행복은 노력하는 사람이라면 누구나 얻을 수 있어야 한다. 사람의 의, 식, 주가 보장이 되지 않는다면 인간의 존엄성은 심히 침해받고 또 생활범죄로 이어지기 때문이다. 그리고 이 의, 식, 주는 사람이 인간으로서 생명과 품의를 유지하는 삶의 최저기준이다. 따라서 노력하는 사람이라면 누구나 이것들을 얻을 수 있어야 하고, 그렇게 되도록 하는 것이 국가가 해야 할 최소한의 일인 것이다. 아쉬운 일이지만 아주 소수를 제외하고, 대부분의 사람들은 이 의식주를 해결하기 위하여 주어진 자신의 삶에서 가장 많은 시간을 소비하고 있다. 먹고사는 문제로 정말 하고 싶은 일들을 하지 못하고, 자신과 맞지 않는 사람들과 같은 조직에서 인간관계를 맺고 살아가는 것이 대부분의 인생이다. 그래서 대부분 삶에서 괴로움을 얻게 되는 것이다.

육체적 행복(또는 쾌락)은 극히 제한적이고, 육체적 쾌락만으로는 완벽한 행복을 이룰 수 없다. 사람은 먹고, 자고, 사랑을 나누는 본능적 욕구는 적정선에서 비교적 쉽게 만족되어지지만, 그것이 일정한 정도를 넘어 과하게 되면 그 쾌락은 병을 가져온다. 따라서 추구해야 할 육체적 행복에 대한 절제와 경계를 명확히 해야 할 필요가 있다.

정신적 행복

물리적인 쾌락(육체적 행복)은 보통 소멸에 대한 반대급부로 느끼는 행복이다. 그 소멸은 현재에는 커다란 즐거움을 주지만, 미래에는 그만큼 소비되는 즐거움이다. 기본적인 의식주가 해결되고 장래 먹고사는 문제가 해결되면, 물질에서 오는 즐거움은 거의 채워지고, 물질에서 오는 행복은 한계효용체감의 법칙(the law of diminishing marginal utility)[1]을 따르게 된다. 그렇다면 정신적인 행복은 어떻게 얻어지는 것일까? 정신적인 행복은 생각하는 것에 있다. 생각하는 것

---

1) 재화의 소비를 한 단위 증가시킴으로써 한 단위 소비가 주는 만족은 감소한다는 법칙.

이 즐거운 것이냐, 또는 괴로운 것이냐에 따라 정신적인 행복이 충족되느냐 그렇지 않느냐가 결정된다.

그렇다면 인간은 무엇을 사고(思考)하는 것일까? 사람은 감각에 의하여 받아들여지는 것들을 사고하게 된다. 즉 컴퓨터가 어떤 작업을 수행하기 위해서는 어떤 값과 조건이 주어져야 하는 것처럼, 우리 인간에게도 그 입력값이 시각, 청각, 후각, 촉각, 미각의 5가지 감각기관에 의하여 입력이 되고, 그 입력된 정보를 우리의 두뇌는 생각을 통하여 처리하게 되는 것이다. (사람은 이 다섯 가지 감각에 의하여 받아들여진 것만을 생각하게 된다. 혹 그 이외의 것이 있다면 저자에게 연락을 주어라. 꼭 사례하겠다. 간혹 '지난 일들을 기억해 내서 생각할 수 있지 않느냐' 또는 '아프기 때문에 생기는 걱정거리' 등을 얘기하는 사람도 있지만, 이도 역시 듣거나 보게 되어 형성된 가치관 이거나, 지난 과거에서 감각기관에 의하여 보고 들었던 내용들이 기억으로 저장되었다가 불러온 것이기 때문에 역시 오감에 의하여 받아들여진 것이다.)

이렇게 사람들은 모두 자신이 오감에 의하여 인식한 정보만으로 세상을 바라보는 가치관을 형성하게 된다. 그중에서 사람의 생각에 절대적으로 영향을 미치는 감각은 시각과 청각이다. 후각, 촉각, 미각은 감각기관이 쉽게 피로를 느끼게 되고, 또 맛을 보고, 냄새를 맡고, 만질 수 있는 것들에서 얻을 수 있는 정보는 극히 제한적이다. 옛말에 '몸이 천 냥이면, 눈이 구백 냥'이란 말이 생기게 된 것처럼, 그만큼 눈과 귀는 감각기관 중에서 가장 많은 데이터를 우리의 두뇌에 입력하고, 또 두뇌에 생각의 소재를 제공해 주고 있다. 그래서 사람은 보고 듣는 것을 통제하고, 선별하여 스스로 자신의 머리에 '생각할 거리'들을 의식적으로 분별있게 입력해 줘야 한다. 왜냐하면 인간은 눈을 뜨고, 귀를 열어 놓은 동안에는 언제나 생각을 하게 되어 있기 때문에 선별적으로 입력하지 않으면, 삶에서 정보들이 무분별하게 입력되기 때문이다. 당신이 음란한 것을 보면 방탕한 마음이 생기고, 의로운 것을 보면 마음이 닦여지는 것을 경험한 것처럼 말이다.

깨어있는 동안 사람의 눈과 귀는 열려있는 감각기관이 되고, 그 눈과 귀에 무언가 선별하여 의도적으로 '생각할 거리'들을 제공하지 않게 되면, 그저 우리의 앞에 놓여 있는 일상들, 즉 자신에게 '보여지고 들려지는 것'들이 사람의 생각거리가 되고 만다. 그렇게 되면 말 그대로 '사는 대로 생각'하게 되고, 일상이 걱정거리나 부정적인 요소로 가득 차 있다면, 그의 삶 역시 부정적인 인식으로만 가득 차 불행을 느끼게 된다. 만약 자신의 뇌가 긍정적이고, 즐거운 것들만을 생각하고 싶다면 좋은 생각의 소재거리를 당신의 눈과 귀에 제공해야 한다. 만약 당신이 생각을 멈출 수 없다면, 그 생각을 통제하여야 하는 이유가 바로 여기에 있다. 일상에 정신이 물들지 않으려면, 삶에 찌들지 않게 살려면 우리 눈에 그리고 귀, 혀 등 우리가 인식할 수 있는 감각기관에 우리의 의지가 가미된 선별적인 정보를 제공해야 하는 것이다. 만약 당신이 이러한 사실을 알고 매일매일 시간이 날 때마다, 또는 시간을 내어 훌륭한 책들을 많이 읽는다면 당신은 어떻게 될까?

사람은 모두 오감에 의하여 받아들인 것만을 생각하기 때문에 이 오감을 통제하기만 한다면 당신의 가치관과 당신의 정신적 행복을 결정할 수 있다. 오감에 의하여 받아들이는 이 '생각거리'라는 것은 무척이나 폭넓고 다양하다. 특히 일상생활에서 오감(五感) 특히 시각과 청각을 통제한다는 것은 그리 쉬운 일이 아니다. 왜냐하면 그것들을 통제하기 위해서는 자신이 만나고 싶은 사람, 자신이 경험하고 싶어하는 일들을 모두 자신의 결정권 안에 두어야 하기 때문이다. 하지만 실상은 그렇지 못하다. 그래서 일상생활은 즐거움과 고통이 혼재되어 있게 된다. 가치관이 다른 사람들, 인격이 덜 형성된 사람들과 함께 살아야 하고, 또 그 사람들의 말과 행동으로 서로 상처를 주고받으며 살아가야 하기 때문이다. 물론 자신도 그렇게 행동하고 말이다.

모든 사람의 사고력은 무(無)에서 시작된다. 뱃속에서 점점 커가면서 뇌가 생기고, 정보를 주고받는 신경세포인 시냅스가 떨어져 있다가 나이가 들면서 조금씩 연결된다. 그렇게 되면서 생각을 시작하고, 경험과 지식이 쌓일수록 생각을 깊게 하게 되고, 가치관을 형성하고, 사고의 범위가 점점 넓어지게 된다. 즉 다른 사람과 좋은 관계를 맺을 수 있는 인격이 형성되기에는 많은 시간과 경험이 필요하다. 아이러니하게도 다른 사람과 싸워보고, 갈등을 겪어보고, 상대방의 입장을 생각해보고, 반성하면서 인간은 인격을 형성하게 된다. 즐거운 것들만 보고 들을 수만 있다면 생각을 즐겁게 유지할 수 있겠지만 현실은 그렇지 못하다.

인생은 과정이다. 인생의 끝은 모두 죽음이다. 우리는 각자 노력하는 일에서 틈틈이 즐기고 성취할 수 있는 씨앗을 심어두어야 하고, 또한 그러한 과정을 즐기며 사는 것은 중요하다. 그 목적을 이루어

목적지에 서 있는 때보다 그 목적지를 향해 가는 시간에 우린 훨씬 더 많이 존재하기 때문이다.

행복은 과거와 현재, 그리고 미래의 개념이다

행복한 삶을 살기 위해서는 현재에는 즐거움을 느껴야 하고, 미래는 희망으로 가득 채워야 한다. 보통 현재의 즐거움을 누리는 것은 미래에 해를 끼치는 것들이 많다. 도박을 한다거나, 마약을 하는 일, 많이 먹거나 돈을 많이 소비하는 일 등은 현재에는 즐거움을 주지만, 미래에는 치명적인 해를 끼친다. 그렇게 미래의 즐거움을 현재에 가불(假拂)받아 사용하게 되면 잠시 즐거울지는 모르지만, 미래는 곧 걱정과 불안으로 점점 어두워진다.

마찬가지로 미래의 행복만을 위하여 현재의 자신을 혹사시키는 것은 과정이 아닌 결과만을 위해 사는 것이다. 그렇게 되면 대부분의 인생은 고통으로만 가득 차게 된다. 왜냐하면 인생은 대부분이 과정이기 때문이다. 따라서 가장 이상적인 삶은 미래를 준비하면서 현재는 즐길 수 있는 일들을 하는 것이 좋다. 현재에도 즐거운 그 행동이 동시에 미래를 준비하는 일이 된다면 현재의 즐거움이 미래의 걱정을 만들지 못할 것이기 때문이다. 즉 자신이 하는 일에서 즐거움을 느끼고, 그 일에서 의, 식, 주까지 해결할 수 있다면 그 일은 자신의 천직(天職)이 될 수 있고, 가장 행복한 시간을 보낼 수 있다.

좌뇌와 우뇌

인간에게는 크게 좌뇌와 우뇌가 있다. 좌뇌는 수리와 추론, 논리와 비판능력 등 이성적인 사고를 담당한다. 좌뇌가 발달하면 논리적이고 합리적이어서 IQ가 높고, 일을 항상 계획적으로 처리하는 장점이 있고, 자신만의 주관이 뚜렷하여 다른 사람의 말을 잘 들으려 하지 않는 단점도 있다. 분석적이어서 한 분야에 깊게 파고드는 성향을 갖고 있고, 지나치게 좌뇌적이면 계산적이어서 이기적일 수 있다. 또 직관적이지 못해 다른 분야에서는 다소 이해력이 떨어지거나 표현력이 떨어지고, 때로는 창의력과 응용력이 부족하기도 한다. 또 좌뇌만 발전하면 일반적으로 대인관계가 좋지 않다.

우뇌가 발달하면 감수성이 풍부하고, 감성적이다. 그래서 철학이나 종교에 심취하기 쉽고, 다른 사람의 입장을 잘 생각하여 대인관계가 좋고 긍정적인 성격을 갖는다. 음악이나 그림 등 이미지를 잘 떠올리고, 창의력이 풍부하고 직관력이 발달하게 된다. 상황판단이 빠르고, 공간지각력이 좋다. 단점으로는 산만하거나 덜렁대고, 한번 무언가에 빠지면 강한 중독성을 보인다. 직관이 발달되어 이해는 빠르지만, 쉽게 잊어버리는 단점도 있다. 보통 좌뇌는 현재의식을, 그리고 우뇌는 잠재의식을 담당한다.

행복은 지덕체를 완성하는 것에 있다

사람은 육체와 정신으로 이루어져 있다. 정신(精神)은 다시 지(知)와 덕(德)으로 나눌 수 있는데, 지는 좌뇌를, 덕은 우뇌를 관장한다. 좌뇌는 지식을 쌓는 데 관여를 한다면, 우뇌는 감정을 다스리고, 감성을 유지하는 데 관여를 한다. 행복한 삶을 살기 위해서는 먹고사는 문제가 해결되어야 하고, 또 주위의 사람들과 좋은 인간관계를 가져야 한다. 사람들과 좋은 관계를 유지하려면 자신이 먼저 덕(德)이 있는 사람이 되어야 하고, 마찬가지로 덕이 있는, 즉 인격적인 사람과 인간관계를 맺으며 살아가야 한다. 인간은 사회적 동물이기 때문에 사람을 떠나서는 살기 힘들다. 그리고 사람은 서로서로 영향을 주고받는다. 일상생활을 같이 보내야 하는 사람과 좋지 않은 인간관계를 갖게 되면 스트레스를 받게 된다. 서로 헐뜯고, 비난하고, 감정을 상하게 만들어 삶이 즐겁지 않다. 하지만 주위의 사람들과 힘든 일이 있을 때 서로 위로하고, 도우며 산다면 삶을 즐겁게 살 수 있다. 이렇게 주위 사람과의 관계를 좋게 유지하려면 본인이 훌륭한 인격을 갖춰야 하고, 또 그렇게 훌륭한 인격을 갖춘 사람과 함께 해야 한다. 보통 사람들은 자신이 갖춘 것을 알아보는 경향이 있다. 그래서 서로 비슷한 사람들끼리 어울리게 된다.

지(智, 知)는 좌뇌가 담당한다

지(知, knowledge)는 어떤 사물이나 대상에 대하여 알고 있는 인식이나 지식을 말하고, 이것은 경험(간접경험인 독서를 포함하여)에 의하여 얻어진다. 실제 경험의 견문(見聞, 보고 들음, 앞에서 언급했듯이 우리 사고와 지식의 대부분은 보고 들은 것에 의해서 이루어짐을 의미한다)이 많으면 지식이 쌓인다. 지식이 쌓이면 판단력이 길러진다. 우리의 인생은 숱한 선택으로 이루어져 있다. 우리가 지식을 쌓아야 하는 이유가 여기에 있다. 지식(식견 또는 견문)이 좁거나, 적으면 선택의 범위가 좁다. 흑백논리에 빠지기 쉬워 자신이 가지고 있는 문화, 생각, 사고방식과 다른 사람을 만나면 배척한다. 선택의 범위가 편협하여 자신 이외의 다른 것을 인정하려 하지 않고, 옳고 그름을 구분하는데 서툴며, 자신과 다름(different)을 그름(wrong)으로 여기기 쉽다. 즉 다양성을 인정할 줄 모르게 된다.

어떠한 분야에서 전문가가 된다는 것은 지(知)를 넓히는 것이고, 지를 깊게 파헤치는 것이다. 그것을 깊숙이 파헤치고 해부하고 연구하다 보면, 어느새 그 분야에서 선두에 있게 된다. 그러면 자연스레 사람들이 당신을 찾게 되고, 돈도 당신을 따라오게 될 것이다. 자신의 분야에 깊숙이 삽질을 해라. 다만 주의할 것이라면 처음에는 하나만 파야 한다는 것이다. 재주를 여럿 키우다 보면 특출난 하나를 키우기 힘들기 때문이다. 누구에게나 같은 길이의 하루가 주어진다. 모든 걸 다 잘할 수는 없다. 모두 잘하려다 보면, 그냥 평범해지거나, 그

이하가 되기 쉽다. 그렇게 충분히 깊은 경험을 하고 나서 다른 분야로 넓히면 엄청난 파급효과를 얻을 수 있을 것이다.

확실히 아는 것과 짐작하는 것은 다르다. 하지만 어떤 분야든 점점 많이 알게 되면서 생기는 짐작은 안목이 되고 직관이 된다. 그것을 생각하고, 분석하고, 깊이 연구해 보면서 통찰력이 생긴다. 그 후에 다른 분야와 접목해 보면서 안목이 혜안과 또 다른 통찰력이 되고, 직관은 예견할 수 있고 본질을 꿰뚫어 볼 수 있는 투시력이 된다. 그리고 자신의 분야를 정하고 꾸준히 그것을 준비하다 보면 기회는 반드시 온다. 자신의 영역을 정하고 그곳을 파면 금이 나오든 온천이 나오든 뭔가는 반드시 나온다. 물론 그곳에서 뭔가를 얻고, 끈기를 갖기 위해서는 신념과 원칙이 서야한다. 당신의 신념을 그곳에 세우고, 그곳에서 당신의 원칙대로 파야한다.

지(知)는 직업과 관련이 있다. 지를 먼저 키우고 직업을 선택하면 자신이 원하는 직업을 가질 수 있다. 물론 우리나라에서는 직업을 먼저 고르고, 그 직업과 관련된 관심과 지식을 키우는 경우가 대부분이지만, 어려서부터 오랫동안 한 분야에 관심을 갖고, 공부하고, 연구하면서 꿈을 키운다면 당신이 가지고 있는 지를 통하여 직업을 갖게 될 것이고, 그때쯤이면 남들보다 더 뛰어난 지를 갖게 될 것이다. 또 삶을 마감하고, 정리할 때쯤 그 분야에 우뚝 서 있는 자신을 발견하게 될 것이다. 지식이 경험을 만나면 지혜가 된다. 견문을 통하여 지식을 넓히고, 경험을 통하여 지식이 숙성하게 되면 그 지식은 지혜가 된다. 하지만 얼마간의 지식이 있다고 교만하면, 그 지식은 참지식도, 익은 지식도 될 수 없다.

공자는 "태어나면서 아는 사람은 최상이고, 배워서 아는 사람은 그 다음이며, 곤란한 지경에 처하여 배우는 사람은 또 그 다음이고, 곤란한 지경에 처하여도 배우지 않는 사람은 백성들 중에서도 최하이다."라고 말하며 배움의 중요성을 피력하였다. 태어나면서 모든 것을 알면 좋겠지만, 그러한 사람은 없다. 의문이 나는 것이 있다면 배우고, 물어서라도 알아야 한다. 하나라도 더 알려고 노력하는 습관은 자신의 삶을 보다 더 윤택하게 만드는 좋은 습관이 된다.

덕(德)은 우뇌가 담당한다

덕(德, virtue)이란 도덕적 윤리적 이상을 따라 선을 실천할 수 있는 인격적인 능력을 의미한다. '덕(德)을 쌓는다', '누구의 덕이다'라는 말은 어떤 사람의 능력으로 그 이외의 다른 사람이 이익을 얻을 때 쓴다. 즉 다른 사람에게 호의를 베풂이 덕이라 할 수 있다. 남에게 베풀 수 있는 덕을 갖기 위해서는 먼저 자신의 사고가 높은 경지에 올라야 한다. 즉 충분히 마음을 닦아 반성하고, 수신(修身)한 이후에 생기는 것이기 때문에 인격이라고도 표현할 수 있으며, 능력이기 때문에 노력 여하에 따라서 길러질 수도 있다.

서양에서 덕이란 고대 그리스에서부터 정의되기 시작했다. 덕이란 원래 동물이나 사물이 가지고 있는 기능의 선함을 말하는데, 가지고 있는 능력을 선하게 써 다른 누구에게 이로움을 주는 것이라 보았다. 예를 들면 살인자가 쓰는 칼이란 흉기가 될 수 있지만, 요리사가 쓰는 칼의 날카로움은 요리에 사용함으로써 사람에게 유용함을 줄 수 있는 덕을 갖추게 된다. 즉 다른 누군가에게 도움을 주거나 이점을 주는 것을 덕이라 할 수 있다. 동양에서는 인간의 사회성에서 덕을 갖는다고 보았다. 즉 사회적인 사람들과의 관계 속에 그 사람에게 요청되는 당위로써, 부모는 자식을 사랑해야 하고(慈愛), 자식은 부모를 공경함으로써 먼저 자신과 가장 가까운 사람들에게 그 덕을 갖춰야 한다고 생각했다. 또 친구사이에는 신뢰가, 국가와 국민사이에는 충(忠)이 있어야 한다고 보아, 인, 의, 예, 지, 신, 청렴, 성실, 정직 등 바른 마음을 갖는 것은 바로 자신만을 위한 것이 아니라, 상생과 서로를 위한 이로움이라고 생각했던 것이다.

이러한 덕을 한마디로 정의해야 한다면, 덕이란 자신을 절제함으로써 넘치지 않고, 다른 사람과 관계를 잘 이끌어 갈 수 있는 인격이나 성격이라고 할 수 있다. 혼자서 살아가는 것이 아닌, 우리로서 함께 하는 것이다. 다른 사람의 문제와 고통은 결국 같은 공동체에 있는 자신에게도 영향을 미치는 법이다. 남의 자식이라 하더라도 잘못된 교육으로 사회적 문제를 일으키게 되면, 그것은 바로 나와 나의 자녀에게 영향을 미칠 수 있다. 그래서 세금을 걷고, 기부도 하고, 다른 어려운 사람을 도와 교육도 시켜 사회적으로 발생할 수 있는 범죄나 문제를 사전에 줄이고, 차단하는 것이다. 이렇게 덕이란 자신과 다른 사람이 함께 잘 지낼 수 있는 마음가짐인데, 이 덕은 다른 사람의 입장에서 생각할 수 있는 역지사지(易地思之, 다른 사람의 입장 처지에서 생각하는 것)와 반성을 통하여 기를 수 있다.

덕은 역지사지[2]할 수 있는 생각에서 길러진다. 다른 사람의 입장에서 생각을 해보면, 내가 하는 말과 행동이 상대방의 감정에 어떻게 영향을 미치는지를 미루어 짐작할 수 있게 된다. 그러면 내가 어떻게 말하고, 행동해야 하는지 그 정도(程度)를 생각할 수 있다. 그리고 우리는 어려운 경험을 통하여 똑같이 그러한 어려운 경험을 해본 사람의 고통이 얼마나 큰 것인지 알 수 있다. 힘든 경험을 겪어보고 그 경험으로부터 깨달음이 생기면 자기 주위의 인간관계를 맺고 있는 사람이 곤경에 빠져 있거나, 도움이나 즐거움을 줄 수 있는 상황이 생기면 그 덕을 베풀어 함께 더불어 살 수 있는 것이다. 이런 덕이 있는 사람이 되어야 하고, 또 그런 사람을 가까이해야 즐거움을 나눌 수 있고, 고통을 줄일 수 있는 삶을 살 수 있다.

미국의 정치가이며, 과학자, 외교관, 저술가 등 수많은 수식어가 있는 벤자민 프랭클린(1706~1790)은 미국에서 가장 존경받는 위인으로 뽑힌다. 벤자민은 미국 건국의 아버지라 불리고, 그의 자서전은 성경 다음으로 많이 팔렸다. 집안이 가난하여 정규교육은 10세에 끝났지만, 평생동안 독학으로 학문에 정진하며 과학 실험을 하였고, 부와 명예를 탐하지 않고, 공공의 이익을 위하여 일생을 헌신하였다. 프

---

2) 맹자(孟子)의 「이루편 상」에 나오는 말로, 역지즉개연(易地則皆然) '내가 그러한 처지였으면 나 역시 그랬을 것이다, 다른 사람의 처지에서 생각하라'에서 역지사지라는 말이 나왔다.

랭클린은 어려서부터 신문에 실린 수필을 읽고 그 내용을 다시 자기의 글로 변형시키는 글쓰기 연습을 하였다. 16세 때 '침묵하는 선인(Silence the Good)'이라는 필명으로 신문에 글을 싣게 되면서 독자들의 주목을 받기 시작하였고, 많은 독자들은 그의 글이 실리기만을 기다렸다. 후에 그가 어린 프랭클린이라는 것을 알았을 때 모두들 그를 칭송하게 되었다. 그러나 신문사를 운영하였던 그의 형 제임스는 그를 질투하게 되었고, 플랭클린은 그 신문사를 떠나 낯선 필라델피아로 가게 되었다. 이후 1729년 〈펜실베니아 가제트〉라는 신문사를 경영하기 시작하여 이 신문사를 유명하게 만들었다. 전기에 대한 이론을 확립하고, 피뢰침을 발명하여 사람의 재산과 생명을 보호하였을 뿐만 아니라, 미국 최초로 공공도서관을 설립했고, 지금의 펜실베니아 대학을 창설하는데 많은 노력을 기울였다. 그의 자서전인 『덕에 이르는 길』에는 13개의 덕을 정하고, 그 덕을 습관으로 만들기 위하여 매일 매일 손바닥에 적어 읽고 또 읽어 체득(體得)하였다. 그 13가지 덕은 다음과 같다.

① 절제
머리가 둔해질 정도로 먹지 마라. 정신이 몽롱할 정도로 마시지 마라.
② 침묵
피차 유용하지 않은 말은 피하라. 쓸데없는 말을 하지 말라.
③ 규율
모든 물건은 제자리에 두고, 모든 일을 알맞은 때에 해라.
④ 결단

해야 할 일은 결단을 하고 이행하라. 결심한 일은 실패 없이 이행하라.

⑤ 절약

피차에 이득이 없는 일에 돈을 쓰지 마라. 즉 낭비하지 말라.

⑥ 근면

시간을 허비하지 마라. 언제나 유익한 일에 종사하라. 모든 불필요한 행동을 하지 마라.

⑦ 정직

다른 사람을 기만하여 해치지 마라. 악의가 없고 정당하게 생각하라. 말을 할 때도 그렇게 하라.

⑧ 정의

남을 해치거나 네가 해야 할 의무가 있는 은혜를 베풀지 않는 과오를 범하지 마라.

⑨ 중용

극단을 피하라. 참을 만한 가치가 있다고 생각할 때까지 분노로 인한 위해를 참아라.

⑩ 청결

신체, 의복, 주택의 불결을 묵인하지 마라.

⑪ 평정

사소한 일, 흔히 있을 수 있는 일이나 피치 못할 일로 평정을 잃어서는 안 된다.

⑫ 순결

성행위는 오직 건강이나 자손을 위해 행할 것. 도가 지나쳐서 머리를 멍하게 하거나 몸을 쇠약하게 하거나 자기나 타인의 안녕과 명예를 해치는 일은 결코 없게 하라.

⑬ 겸손

예수와 소크라테스를 본받아라.

언뜻 보면 '덕'이라는 것은 남을 위하는 일처럼 보이지만, 사실 그러한 덕을 갖는다는 것은 스스로 엄청난 수신(修身)을 이룬 결과이고 궁극적으로도 자신을 위한 일이다. 즉 남을 위해서 헌신한다는 것은 자신 스스로 절제를 하고, 인격의 완성을 갖추는 일이기 때문에, 자신의 결점을 없애려고 노력하고, 다른 사람을 돕는 것을 즐거워할 수 있는 능력을 갖추는 것이다. 덕을 갖추게 되면 타인과의 관계가 좋아지고, 그 관계로 희로애락(喜怒哀樂)을 같이 하면서 즐겁고 행복한 삶을 영위할 수 있게 된다. 그래서 그 덕이라는 것은 스스로 인격을 갖춘 사람만이 가질 수 있는 것이다.

그대는 인생을 사랑하는가?

그렇다면 시간을 낭비하지 마라.

왜냐하면, 시간은 인생을 구성하는 재료이기 때문이다.

똑같이 출발하였는데, 세월이 지난 뒤에 보면

어떤 이는 뛰어나고 어떤 이는 낙오되어 있다.

이 두 사람의 거리는 좀처럼 가까워질 수 없게 되어 버렸다.

이것은 하루하루 주어진 자신의 시간을 잘 이용하였느냐, 허송하였느냐에 달려 있다.

-벤자민 프랭클린

주희는 "몸을 닦는 것은 마음을 올바로 하는 것이고, 부귀로 자신의 집을 호화롭게 꾸밀 수 있고, 덕은 자신의 몸을 윤택하게 할 수 있다"고 하였다. 덕이 있으면 그를 따르는 사람이 있게 되고, 지혜, 인자함, 용맹함을 배우는 것이 덕을 배우는 것이라 하였다. 또 공자는 "덕이 있는 사람은 외롭지 않다. 반드시 이웃이 있다"고 하였고, 증자는 "군자는 학문으로 벗을 모으고, 벗을 통해서 인의 덕을 수양한다"고 하였다. 이렇게 덕을 키워 자신의 마음을 닦고, 주위의 사람들과 좋은 인간관계를 맺으면 행복한 일생을 살 수 있게 된다.

훌륭한 인격을 갖추기 위해서는 훌륭한 인격을 가지고 있는 사람을 친구로 두어, 오랜 시간을 가까이하게 하면 자신도 모르는 사이에 그 사람의 성격과 인품을 배우게 된다. 오랜 시간을 같이 보내고, 대화하고 서로 영향을 주고받으면, 사고방식이나 대화를 하다가 화를 내는 시점까지 닮을 정도로 비슷해져 가는데, 이리하여 근묵자흑(近墨者黑)이 되는 것이다. 마찬가지로 어떤 사람을 가까이 하느냐에 따라서 어떠한 성향과 관심거리를 갖게 되는지도 영향을 받는다. 같이 시간을 보내는 사람들이 관심을 갖고 재미있는 이야기를 하다 보면, 자신도 모르게 그것에 대한 관심을 갖게 된다. 따라서 인격을 갖추고, 자신이 잘하고 싶은 분야, 계속하여 비전을 갖고 싶은 사람들과 함께하고 인간관계를 맺으면 즐거움을 공유할 수 있고, 서로 행복한 시간을 보낼 수도 있다.

스스로 행복할 수 있는 방법을 알고, 남들과 함께 있는 시간도 즐거울 수 있다면 당신의 삶은 이미 그 '성공할 수 있는 방법'을 안다고 할 수 있다. 사람은 대부분 보고 듣는 것에서 정신적 고통을 얻고, 또 정신적 쾌락을 얻는다. 따라서 일상생활에서 보고 듣는 부정적인 사고를 스스로 긍정적인 사고로 전환할 수만 있다면 얼마간은 혼자서 행복할 수 있게 된다. 즉 매일 매일 '사고의 밭갈이'를 하여 긍정적으로 자신의 사고를 전환하도록 하여야 하는 것이다. 그러기 위해서는 자신이 바라는 것, 자신이 되고 싶은 것을 지속적이고 반복적으로 자신에게 말함으로써, 스스로를 '세뇌'시켜야 한다. 예를 들면,

- 나는 내가 하고 있는 이 분야에서 최고의 사람이 될 것이다. 그래서 모든 사람들이 나에게 자문을 구하고, 이 분야하면 나를 떠올리게 할 것이다.
- 나는 내가 지금 목표로 하고 있는 일을 언제까지 해낼 것이다. 그래서 이 분야에서 역사에 남을 만큼 굵직한 선을 그을 것이다.
- 내가 가지고 있는 이 생각은 너무나 독창적이고, 뛰어나 분명 멋진 일을 해낼 것이다.
- 나는 매일매일 최선을 다하며 살아가고 있고, 나의 능력은 매일 복리처럼 증가하고 있다. 나는 분명 세상에서 위대한 사람 중에 한명이 될 것이다.
- 나는 항상 즐겁다. 나의 사랑하는 가족과 친구들, 그리고 매일 매일 나의 정신적 성숙을 가져오는 일과 독서는 나를 더욱 행복하게 한다.

이런 말들을 매일매일 반복하며 자신의 사고를 긍정적이고, 희망

적으로 전환을 시키고, 자기암시를 함으로써 자신에게 즐거움을 선사하고, 부정적인 일상을 지워버려야 한다. 필자의 경우는 매일 회사를 다녀야 해서 낮 시간이나 저녁 시간을 규칙적으로 확보하기가 어렵다. 그래서 보통 새벽 4시 반에 일어나 독서와 자기암시를 한다. 그렇게 매일 2시간 정도 하면 하루를 정말 희망차게 보낼 수 있다. 그런데 시간이 지나면 자신의 목표가 희미해질 수 있기 때문에 반드시 종이에 적어 매일 보는 습관이 필요하다. 자신의 책상에 적어 놓는 것은 물론, 지갑, 핸드폰 또는 손바닥에도 적어서 시간이 날 때마다 읽고, 생각하여 머릿속에 항상 존재시켜야 한다. 이렇게 스스로 그러한 생각으로 전환할 수 있다면, 당신은 자신의 사고를 결정할 수 있는 진정한 '사고의 주인'이 될 수 있다. 자신을 둘러싼 환경이 자신의 목표달성을 이룰 수 있는 동기부여로 바뀐다면 당신은 언제나 그 목표에 몰입할 수 있고, 끊임없는 북돋움을 받을 수 있을 것이다. 이처럼 자신의 환경을 결정할 수 있는 사람은 자신의 인생을 결정할 수 있게 된다. 사람은 환경을 결정하고, 환경은 사람의 사고와 행동에 영향을 미치기 때문이다.

여기에서 환경이란 사람도 포함이 된다. 친구나 직장동료, 배우자 등 당신의 인간관계를 맺고 있는 사람들이 당신을 매일 칭찬하고, 긍정적인 피드백을 준다면 당신은 매일 즐거움으로 삶을 살아갈 것이다. 하지만 항상 사회적으로 금지된 일탈을 시도하는 친구와 친해지게 되면 그의 행동을 저지할 수 있는 강한 신념이나 의지가 없는 이상 보통 그 일탈에 공동정범이나 방조범이 되어 버리기 쉽다. 물론 사고도 닮아간다. 그리고 그러한 일상을 갖게 되고, 그것을 깨달을 때까지 삶의 시행착오를 경험하게 될 것이다. 지금 당신은 어떤 사람과 인간관계를 맺고 있느냐를 한번 돌이켜 보고, 현재 당신은 어떤 사고를 하고 있는지도 돌이켜 보아야 할 것이다.

　사람의 행복은 '좋은 인간관계(good relationship)'가 형성되었을 때 행복을 느낄 수 있다. 자신만 아는 사람, 남에게 피해를 주는 사람보다 남을 도와주고, 즐겁게 해주는 사람들과 인간관계가 형성되면 즉 그런 사람들과의 만남을 자주 갖게 된다면 우리는 삶에서 행복(즐거움)을 느낄 수 있게 된다. 우리는 그런 사람을 '덕이 있는 사람'이라고 부른다.(유교에서는 군자나 성인이라고 부르고, 인간으로서 갖춰야 할 뛰어난 덕목을 구비하고 있는 사람을 지칭한다.) 덕이 있는 사람에게 슬픔과 고통은 오래 머무르지 않는다. 잠시 슬퍼하더라도 그것의 극복방법을 알고 있다. 그의 삶은 깨달음으로 가득 차 있고, 항상 배우려고 하고, 자신과 주변의 사람들 즉 그가 유지하려는 인간관계 안에 포함된 사람들을 항상 도우려고 하고 있기 때문이다. 덕이 있는 사람에게는 중용(中庸)이 있다. 그도 사람인지라 고통과 쾌락, 즐거움과 생로병사가 있다. 하지만 그 고통을 이겨낼 수 있는 방법이 있어 이내 감정을 제자리로 돌려놓고, 즐거움이 있어도 그것을 다 즐기지 않는다.

체(體)는 먹는 것과 운동으로 기를 수 있다

라틴어의 격언인 "건강한 정신은 건강한 육체에 깃든다.(Mens sana in corpora sano.)"처럼 육체가 건강하지 못하면 정신 역시 약해질 수밖에 없다. 또 벤자민 플랭클린이 말한 것처럼 삶이란 시간으로 이루어져 있다. 만약 당신의 몸이 건강하다면 당신은 그 시간을 연장시킬 수 있다. 하지만 몸에 병이 생기거나 목숨이 다한다면 그 목적을 향하여 노를 저을 수 없다. 그래서 우리는 모두 몸의 건강에 힘을 써야 한다. 건강하기 위해서는 몸을 이루는 음식을 골라 먹을 수 있는 지식과 자제력이 필요하다. 혀에 즐거워도 몸에 해가 되는 음식은 멀리할 수 있는 자제력과 어떤 음식이 자신에게 필요한지 구분할 수 있는 분별력이 필요하다. 즉 음식을 선택할 수 있는 판단력이 필요한 것이다.

근력운동과 유산소운동을 하면 생활의 활기를 얻을 수 있다. 근육운동을 하면 근육양이 늘어나고, 기초대사량이 증가한다. 근육이 늘어나면 무거운 물건도 쉽게 들어 올릴 수 있고, 발걸음이 가벼워진다. 삶의 활기는 자신감과 자존감을 갖게 한다. 유산소운동은 체중을 감량시키고 폐를 튼튼하게 하고, 지구력과 끈기, 집중력을 키워준다. 근육을 키우면 그 근육이 뼈를 지탱하여 자세를 교정시켜 허리디스크나 목디스크를 예방할 수 있고, 몸을 가뿐하게 만들어준다. 또 충분한 수면은 피로를 감소시키고, 우리가 살아있는 동안 건강하고 활기찬 삶을 살아갈 수 있게 한다. 건강은 삶의 목적을 달성하게 하는 중요한 수단이다.

아인슈타인이 상대성이론을 완성한 시기는 36세 때였고, 나폴레옹이 황제가 되어 유럽을 지배한 것은 40세, KFC를 창업한 커널 샌더스의 당시 나이는 68세였다. 퀴리부인은 라듐을 31세 때 발견하고 35세에 노벨상을 탔다. 윌리엄 스타이그는 62세에 등단하여 어린이에게 꿈과 희망을 주는 '슈렉'을 발표하였고, 칸트는 60세에 『제3비판』을 썼고, 에디슨은 80세까지도 발명품을 쏟아냈다. 알베르트 슈바이처는 91세까지 봉사활동을 하였고, 이순신은 50세에 왜적을 대파하고, 갈릴레이는 68세 때 지동설을 주장했다. 마크 트웨인은 50세에 명작 『허클베리 핀의 모험』을 썼고, 노벨상 수상자인 도리스 레싱은 88세까지 명작을 썼다. 필립 로스는 64세에 퓰리처상을 수상하고, 인도의 타고르는 72세에 화가로서의 길을 걸었다. 샤갈은 91세에 마지막 작품을 완성한다. 체력이 약해진다면 아무리 원대한 뜻도 이룰 수 없다. 건강만 하다면 나이는 업적을 달성하는데 아무런 문제가 되지 않는다.

이렇게 지(知)와 덕(德)과 체(體)는 각각 사람의 지력(智力)과 심력(心力)과 체력(體力)을 길러준다. 지력은 의식주를 해결해 주는 직업의 전문성을 갖게 해주고, 심력은 어려운 일을 헤쳐나가게 해주는 힘을, 체력은 건강한 육체를 갖게 하여 뜻한 바를 이룰 수 있도록 해주는 것이다. 심력을 기르면 긍정적인 사고와 인내심, 성실함, 그리고 겸손함 등이 생긴다. 그리고 다른 사람들과 좋은 관계를 유지할 수 있고, 행복함을 느낄 수 있다. 그리고 심력이 생기면 스스로 동기부여를 부여하는 능력이 생겨 삶에 활력을 주고, 자아를 실현하려는 자기계발욕구가 강해진다. 그래서 슬럼프가 없다. 인격과 성품을 갖춘 사람이 될 수 있고, 다른 사람에게 희생하는 이타적인 사람이 되기도 한다. 그리고 스스로 만족하며 살 수 있게 된다. 뒤편에서 보겠지만 지력은 지식서를 통해서 얻을 수 있고, 심력은 수필서를 통해서 얻을 수 있다.

Martin Luther King Jr - I have a dream speech - Aug 28 1963

I have a dream that one day this nation will rise up and live out the true meaning of its creed, "We hold these truths to be self-evident, that all men are created equal."

I have a dream that one day on the red hills of Georgia, the sons of former slaves and the sons of former slave owners will be able to sit down together at the table of brotherhood.

I have a dream that one day even the state of Mississippi, a state sweltering with the heat of injustice, sweltering with the heat of oppression, will be transformed into an oasis of freedom and justice.

I have a dream that my four little children will one day live in a nation where they will not be judged by the color of their skin but by the content of their character.

나에게는 꿈이 있습니다.

언젠가는 이 나라가 일어나 '모든 사람은 평등하게 태어났다'라는 진실의 강령대로 살아가는 날이 있을 것이라는 꿈이 있습니다.

나에게는 꿈이 있습니다.

언젠가는 조지아주의 붉은 언덕 위에서 노예들의 후손들과 노예 소유주들의 후손들이 형제애의 식탁에서 함께 자리할 수 있을 것이라는 꿈이 있습니다.

나에게는 꿈이 있습니다, 부정과 억압의 열기로 찌는 듯한 미시시피주조차도 언젠가는 자유와 정의의 오아시스로 바뀔 것이라는 꿈을 저는 가지고 있습니다.

나에게는 꿈이 있습니다, 나의 4명의 어린아이들이 언젠가는 그들의 피부색이 아니라 그들의 인격에 의하여 판단되는 나라에서 살게 될 것이라는 꿈을 가지고 있습니다.

-마틴 루터 킹의 연설 〈I Have a Dream〉 중에서

가능한 삶을 즐겁게 살아라. "웃음이 없는 하루는 낭비한 하루다"라는 찰리 채플린의 말처럼, 매일 매일 웃으며 즐겁게 살 수만 있다면 당신의 하루는 성공한 하루가 되는 것이다. 그리고 그 즐거움이 내일에 도움이 되는 것들로 만들어라. 그리고 자신에게 즐거움을 주는 것들이 무엇이 있는지 그 목록을 만들고 행하라. 자신의 삶에서 지루함을 몰아내라. 다음은 삶의 즐거움을 줄 수 있는 몇 가지 항목을 기록해 보았다.

① 음악을 들어라

음악은 우리의 기분을 좋게 한다. "음악이 없다면 인생은 실수다"라는 니체의 말처럼 음악을 듣지 않으면 삶에 윤기가 없다. 농악(農樂)은 우리 선조들이 고되고, 힘든 노동을 할 때 흥을 돋우기 위해서 만든 음악이다. 또 모든 민족은 즐거운 일이 있을 때에도 음악과 함께 춤을 추었다. 음악은 모든 사람을 즐겁게 한다.

② 좋은 인간관계를 맺어라

만나면 기분이 좋은 사람을 만나고, 자신도 그러한 사람이 되어라. 좋은 인간관계는 자신이 힘든 일을 당할 때 위로를 해주고, 도움을 받을 수 있다. 물론 그러기 위해서는 자신부터 그러함 사람이 되어야 한다. 다른 사람에게 친절을 베풀고, 다른 사람을 존중해 주면 좋은 인간관계를 맺을 수 있다.

③ 자기실현적 예언을 하라

자신이 되고 싶은 것을 말하고, 자신에게 스스로 칭찬해라. 하루에 꼭 30분은 혼자 있는 시간을 만들어 소리 내어 스스로에게 칭찬하고, 자신의 미래를 계획하는 시간을 가져라. 그러한 다짐과 자기암시는 당신을 성공으로 강하게 이끌 것이다.

④ 감사하는 마음을 가져라

자신을 가장 긍정적인 사람이 되게 하기 위해서는 항상 감사하는 마음을 유지하는 것이다. 실수와 실패에도 무언가를 배우고, 힘든 일에도 밝은 면을 찾게 하는 것은 바로 감사하는 마음이다. 연구에 따르면 매일매일 감사하는 마음을 가지고 살기 시작하면 28일 후에는 행복지수가 약 25% 향상된다고 한다.

⑤ 운동을 해라

몸에 근육이 생기면 삶에 활기를 얻을 수 있다. 또 에너지를 얻을
수 있는 음식을 잘 소화할 수 있다. 다른 사람과 함께 운동을 한다
면 좋은 인간관계도 얻을 수 있다.

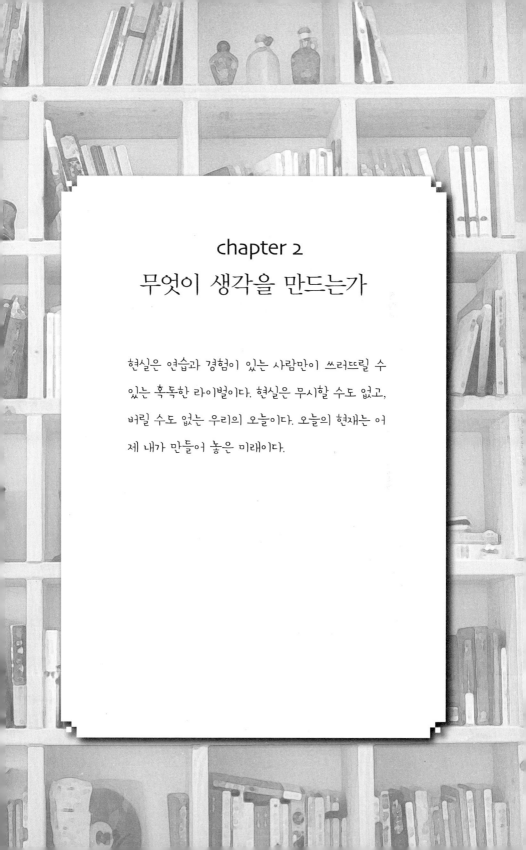

chapter 2
무엇이 생각을 만드는가

현실은 연습과 경험이 있는 사람만이 쓰러뜨릴 수 있는 혹독한 라이벌이다. 현실은 무시할 수도 없고, 버릴 수도 없는 우리의 오늘이다. 오늘의 현재는 어제 내가 만들어 놓은 미래이다.

chapter 2
무엇이 생각을 만드는가

I think. So I am.
나는 생각한다. 고로 존재한다.
-데카르트

인간의 생각

우리 인간은 심장이 멈출 때까지(또는 뇌사(腦死)할 때까지) 생각을
멈출 수 없는 운명을 가지고 있다. 무엇을 생각하지 않으려 노력해도
생각을 하게 된다. 또 생각을 어떻게 활용하느냐에 따라서 생각은 사
람에게 위대함이 될 수 있는 약이 되기도 하고, 때로는 삶을 망치게
하는 독이 되기도 한다. 생각은 인간을 가장 뛰어나고 영묘한 능력을
지닌 즉, '만물의 영장'으로 만들었고, 우리 인간이 지구의 지배자가
될 수 있는 다른 동물과의 결정적인 차이점을 만들었다. 공룡은 멸
종하였지만 인간은 살아남았고, 맹수와의 싸움에서도 결국 승리를

만들 수 있었던 것은 바로 사람이 생각할 수 있었기 때문이다. 생각은 인간이 다른 동물이나 로봇보다 계속적으로 우월할 수 있는 유일하고, 차별적인 수단인 것이다.

생각이란 어떤 사물이나 사건을 인식하고, 판단하는 작용을 말한다. 인간이 더 깊고, 더 많은 것을 생각할 수 있게 되면서 그들은 상대방에게 자신의 생각을 표현하고, 전달하기 위해서 단순한 소리나 신체적 표현을 사용하다가 좀 더 정교한 언어를 사용하게 되고, 발달하게 되었다. 생각과 언어의 관계에서 생각이 언어에 의하여 만들어지는 경우도 있고, 생각이 언어를 지배하는 경우도 있다. 전자를 언어 우위론적 관점이라고 하고, 후자를 사고 우위론적 관점이라고 한다. 언어 우위론적 관점은 언어를 통하여 외부 세계를 인식하고, 언어가 생각을 만들고 인간의 사고를 지배한다는 입장이다. 예를 들면 빛이 프리즘을 통과했을 경우 7가지 색이 나타나는 이유는 언어로 각 색을 표현하였기 때문이다. 즉 각 색이 인접해 있는 곳의 색을 무시하고 우리가 색을 7가지 언어로 분류하였기 때문인 것이다.

반대로 사고 우위론적 관점은 이 세상에는 모든 것이 처음에는 언어화되지 않은 대상에서 출발하여 하나씩 언어화된 것이고, 언어화되지 않았다 하여도 사고의 대상은 될 수 있다고 보는 즉, 사고가 언어를 창조하고 지배한다는 것이다. 예를 들면 하늘에 떠 있는 수증기가 모여 있는 것을 구름이라고 하는데, 덩어리 모양의 구름으로 두껍고 바닥은 수평이며, 뭉실뭉실 떠 있는 구름을 뭉게구름이라고 부르는 것은 뭉게구름이란 언어가 먼저 생긴 것이 아니라, 뭉실하게 생긴 구름이 먼저 존재한 다음 그러한 이름을 붙인 것이라는 입장이다.

그렇다면 생각을 한번 나눠보자. 생각은 크게 인식(認識)과 의지(意志)로 나눌 수 있다. 인식이란 우리가 감각에 의하여 받아들이는 정보를 지각(知覺)하고, 인지(認知)하는 것이다. 물리적인 인식 즉, 감각에 의한 인식은 그것의 존재여부만을 판단하는 것에 그치지만, 정신작용에 의한 인식이란 그 정보를 이해하고, 분석하며, 판단하고, 기억하고, 추리하는 범위까지 인식에 해당한다. 따라서 지적영역이 발달하면 할수록, 감각에 의하여 받아들인 정보를 처리하는 정신적인 인식의 범위가 넓어지게 된다. 즉 경험이 많으면 많을수록, 지식이 많으면 많을수록 그것을 처리하고, 응용할 수 있는 인식의 범위는 넓어지는 것이다. '아는 만큼 보인다'는 말처럼 많은 지식이 축적되어 있다면 그만큼 인식할 수 있는 범위 역시 넓어지는 것을 의미한다. 즉 견문(見聞)을 넓혀 많은 것을 보고 들으면, 지각(知覺)이라는 새로운 정신적인 감각이 발달하게 되는 것이다.

의지(意志)는 어떤 일을 이루려는 마음을 말한다. 인식에 의하여 이해하고, 분석하고, 판단을 하고 난 후에 그 일을 실행 또는 처리하고자 하는 마음, 설정된 목적을 실현하기 위한 자발적이고 의식적인 욕구가 바로 의지인 것이다. 사람이 태어난 후 나이가 어린 사람에게 이 의지란 것은 대부분 본능에 의하여 생성되고 통제된다. 배가 고파서 느끼는 식욕, 잠을 자고 싶은 수면욕이나 성욕 등은 그러한 행동을 창조하는 본능적 의지인 것이다. 그러다 점점 나이가 들면서 경험이 쌓이고, 정신적 인식의 범위가 넓어지면 가치(價値)에 의한 의지가 생성된다. 즉 그 사람이 속한 공동체(즉 문화)나 개인의 사고에 의하여 존중되고, 배척되어 지는 행위가 그것을 해야 할 일과 하지 말아야 할 일로써 가치가 가미(加味)되어질 때 새로운 의지가 형성되는 것이다. 의지에 의하여 이루어진 일들(의지의 소멸에 의한 일들 즉, 자기가 하고 싶어서 한 일들)은 대부분 즐거움을 선사한다. 이 가치에 의하여 생성된 의지 역시 사람에게 즐거움을 주는데 앎의 즐거움이 대표적이다.

미국의 심리학자인 윌리엄 제임스는 "생각이 바뀌면 행동이 바뀌고, 행동이 바뀌면 습관이 바뀌고, 습관이 바뀌면 인격이 바뀌고, 인격이 바뀌면 운명이 바뀐다"는 말로써 생각이 행동을 통제한다고 하였다. 어떤 생각을 더 많이 하느냐에 따라서 결국은 어떤 인생으로 살아가느냐가 결정된다는 것인데, 그렇다면 사람은 언제 생각하는 것일까? 사람은 일반적으로 자신이 가지고 있는 지식, 관념이 그것과 다른 자극을 받았을 때 생각을 하게 된다. 즉 일상에서 매일 똑같이 받아들여지는 것들, 당연하게 받아들이는 것들에 대해서는 깊은 물음이 생기지 않는다. 자신이 가지고 있었던, 기존에 고정된 관념과 다른 문제, 또는 다른 질문이 주어졌을 때 그 문제를 해결하거나 생존을 위하여 인간은 사고를 하게 되는 것이다.

GIGO(garbage in garbage out, 쓰레기가 들어가면 쓰레기가 나온다)라는 말이 있다. 전산용어로 쓰이는데, 좋지 않은 정보를 취급하면 마찬가지로 좋지 않은 정보가 나온다는 의미이다. 즉 콩 심은 데 콩 나고, 팥 심은 데 팥 나는 것으로 좋지 않은 것을 보고 들으면, 마찬가지로 좋지 않은 말과 행동이 나오게 되는 법이다. 부정적인 것을 보고, 들으면 부정적인 생각을 하게 된다. 그러면 부정적인 언어와 행동으로 이어지고, 결국은 자신에게 좋지 않은 결과를 초래한다. 어떠한 일에 한 번 실패를 했을 때, "나는 안 돼", "나는 좋은 환경에서 자란 것도 아니고, 좋은 교육을 받지도 못했고, 또 머리도 좋지 않아. 그래서 안 돼" 같은 부정적인 생각을 하면, 그 사람은 평생 새로운 도전을 하지도 않을 것이고, 그저 평범 이하의 삶을 살게 될 것이다. 하지만 "그래, 다시 한 번 해보자", 또는 "나는 할 수 있어" 같은 긍정적인 생각을 끊임없이 주입한다면, 그는 실패를 하면서 넘어져도 자꾸 일어나 결국은 원하는 결과를 얻을 수 있게 될 것이다. 우리는 살면서 숱한 한계상황3)에 부딪힌다. 그때마다 다시 일어설 수 있는 것은 바로 '할 수 있다'라는 긍정적인 생각인 것이다. 이런 긍정적인 생각을 할 수 있는 것은 그러한 훈련과 습관으로 유지될 수 있다. 그리고 그런 습관은 바로 독서와 좋은 인간관계를 통해서 깃들일 수 있다.

비관주의자는 모든 것을 부정적으로 보는 사람이다. 그리고 비관주의자는 모든 것을 불가능하다고 생각한다. 그래서 결국 "나는 할 수 없다"라고 믿게 된다. 반대로 낙관주의자는 모든 것을 긍정적으로 바라보고, 가능하다고 생각하고, 가능한 방법들을 찾아본다. 비관주의자들은 낙관주의자보다 인간관계나, 건강에서 낙관주의자보다 낙후된 삶을 살게 된다. 비관적이 생각은 자존감과 자신감을 떨어뜨린다. 또 도전정신과 활기가 없어 스스로를 더더욱 비관적인 삶으로 몰아간다. 윈스턴 처칠은 "비관주의자는 모든 기회 속에서 고난을 찾아낸다. 하지만 낙관주의자는 모든 고난 속에서 기회를 찾아낸다"라는 말로 비관주의자와 낙관주의자가 바라보는 대상을 나누었다. 당

---

3) 독일의 철학자 야스퍼스(Karl Jaspers)가 처음 사용한 말로, 피할 수 없는 극한상황을 의미.

신은 무엇을 보며 살고 있는가?

비관주의자가 낙관주의자가 되지 못한 것은 그러한 훈련이 없었기 때문이다. 뒤편에 나오는 수필서를 많이 읽어보고, 힘든 일을 겪고 있을 때에도 그것에서 얻을 수 있는 긍정적인 면들을 찾아서 말로 표현해 보아라. 반복적으로 일부러 그렇게 말하다 보면 스스로 설득이 되는 것을 알 수 있다. 선택적이고, 습관적인 낙관은 자신에게 괴로움보다 즐거움을 선사하게 될 것이다.

목적과 의지

의지를 만들려면 먼저 목적이 있어야 한다. 의지는 목적에 근거한다. 즉 의지의 존재 근거가 바로 목적이 되는 것이다. 욕망이란 그 목적을 이루고자 하는 마음이다. 욕망은 사람을 움직이게 한다. 욕망이 많으면 많을수록 사람은 더 의욕적으로 된다. 삶의 목적이 있는 사람은 자기 인생의 주인이 될 수 있다. 주체적으로 자신의 시간과 생각과 의지를 만들어 갈 수 있기 때문이다. 동기부여가 잘 되는 사람일수록 더 의욕적이고 강한 욕망을 가질 수 있다. 바른 욕망을 가지려면 바른 목적이 있어야 한다. 그리고 바른 목적은 바른 인식이 선행되어야 한다. 인식하고 있는 것에 바르지 못한, 부정적이고 잘못된 가치가 더해진다면 바른 목적도, 바른 욕망으로 키울 수 없게 된다. 따라서 가치관이 형성되는 어린 나이에서부터 보고, 듣는 사건이나 사실에 올바른 평가와 가치가 더해져야 한다. 이것이 바로 교육의 첫걸음이다.

중국의 성리학자 주희는 "독서를 할 때는 가장 먼저 뜻을 세워야한다. 뜻이 정해져 있지 않으면 끝내 일을 이루기 힘들다"고 하였다. 뜻, 즉 목표를 세워야 그 목표를 이루기 위한 원칙과 방법을 생각하게 된다. 그러한 원칙과 방법이 성공을 이루게 하는 기본 바탕이 되고, 그 뜻을 이루기 위하여 독서를 하고, 궁리하고, 연구하는 생각을 만들게 된다.

목적이 준비되었다면 그것을 이룰 계획을 세워야 한다. 그 목적도 평생에 이룰 목적, 30년 동안 이룰 목적, 그리고 10년, 1년 등 다양하게 세워야 한다. 그리고 그에 맞는 계획도 짜야 한다. 그리고 그 계획은 수시로 변하는 상황에 맞게 수정되어야 할 것이고, 근본 원칙은 고수를 해야 할 것이다. 그리고 이러한 목적과 계획이 준비되었다면 이러한 것들을 밀고 나갈 강력한 의지를 만들어야 한다. 이 의지라는 것은 오늘 하루 만들어서 10년, 30년을 쓸 수 있는 것이 아니다. 의지는 매일매일, 매 순간 만들어야 한다. 의지는 다짐을 통하여 만들 수 있다. '반드시 ○○를 하고 말 거야', 또는 '몇 시까지 ○○를 해야지'하는 다짐은 자신의 생각을 행동으로 이어주는 의지가 된다. 아침에 일어나서 자리에 앉아 잠시 눈을 감고 오늘은 어떤 일을할 것인지 생각하고, 저녁에 잠자리에 들 때 오늘 하루가 나의 목표와 계획에 맞게 실행되었는지, 그렇지 못했다면 반성하고 내일을 그렇게 행동을 할 것이라는 새로운 의지를 만드는 것, 즉 반성하고 계획하고 결심하는 것이 바로 의지를 만드는 일인 것이다. 한마디로 줄이면 '이러한 일을 하겠다'고 생각하는 것이 바로 의지가 되고, 동기를 부여하는 일이 된다.

동기부여(motivation)의 사전적 의미는 '어떤 생활체를 의도하는 목적에 맞게 활동하도록 자극하는 것'이다. 이러한 동기는 다시 외재적 동기와 내재적 동기로 구분된다. 외재적 동기, 즉 외적 동기는 예를 들면, 부모가 자녀를 공부하게 하기 위하여 성적에 따라서 용돈을 주는 방법처럼 자신이 아닌, 타인의 지시나 강제 또는 유도(誘導)에 의하여 외부보상이 주어지는 것을 말하고, 내재적 동기, 즉 내적 동기는 스스로 그러한 목적을 성취하고자 하는 동기를 제공하는 것을 말한다. 자신이 세운 그 목표를 성취하고 해결하는 것이 스스로 만든 긴장의 해소에 도움을 줌으로써 그 목표를 수행하는 것 자체가 즐거움이 되어 스스로에게 보상역할을 한다. 일반적으로 어린아이일수록 외적 동기의 효과가 크고, 어른이 될수록 내적 동기가 행동을 유도하는 강도가 크다. 목표를 이루기 위하여 행동을 비정상적으로 유도할 가능성이 있어, 가장 효과적인 동기 유발방법은 외적 동기보다 내적 동기, 즉 스스로 즐거움을 느낄 수 있는 동기가 효과적이다.

사람에게 삶의 목적이 있다면 방향을 가질 수 있다. 무언가 이루려고 하는 것이 없다면 표류하는 배처럼 바다 한가운데에서 파도에 휩쓸리는 배처럼 이리저리 왔다 갔다만 하며 삶을 보내고 만다. 세네카의 말처럼 아무런 목표가 없으면 어떠한 바람도 순풍일 수 없다. 하지만 목표, 목적이 있다면 파도를 이겨내고 바람을 타는 배처럼 목적지를 향하여 콧노래를 부를 수 있다. 분명한 목적이 있는 사람에게 작은 파도쯤은 아무 문제가 되지 않는다. 파도에 배가 부서지지 않는 한 즉, 사람이 그 명(命)을 다하지 않는 한 계속 노를 저어 목적지를 향하여 노를 저을 수 있다.

몰입의 의미

　의지를 만들었다면 그것을 실행해야 한다. 하지만 의지와 실행에는 약간의 갭(Gab)이 있다. 실행에 커다란 어려움을 제거하기 위해서는 그것을 반복하여 습관으로 만들어야 한다. 습관은 운명을 바꾼다고 한다. 습관처럼 무언가를 반복적으로 할 수 있다는 것은 그것에 대하여 아무 힘듦이나 고통 없이 쉽게 그 일을 꾸준히 할 수 있다는 것을 말한다. 그렇게 그러한 일들을 장기적인 시간과 노력으로 계속할 수 있다면 그 분야에서 커다란 업적을 만들 수 있다. 그렇다면 그러한 습관은 어떻게 만들어지는 것일까?

　습관은 의식적인 반복에 의하여 만들어질 수 있다. 의식적으로 무언가를 반복하다 보면, 무의식적으로 자신의 생각에 어떤 틀이나 규칙을 생성하게 되는데, 이러한 규칙은 어떤 상황이 주어졌을 때 자동적으로 어떤 말과 행동을 자신도 모르게 반복적으로 떠오르게 한다. 그것을 의식적으로 반복하기 위해서는 그것을 하고자 하는 생각을 만들어야 한다. 그러한 생각은 의지를 만들고, 의지는 실천을 만들며 그 의지는 실천을 이끄는 에너지가 된다. 명상이란 아무것도 생각하는 것만 있는 것이 아니라, 무언가 한 가지만을 생각하는 것도 있다. 행동하기 전에, 그리고 하루를 시작하거나 끝마칠 때 명상을 통하여 하루, 한 주 그리고 한 달, 일 년 동안 그 한 가지 명상을 통하여 하고자 하는 의지를 만든다면 강력한 실천의 삶으로 이어갈 수 있게 된다. 이것이 바로 '몰입'할 수 있는 방법이다.

일념통천(一念通天)이란 말은 마음을 한결같이 먹고, 한 가지 일에만 몰두하여 생각을 다 하면 그 뜻이 하늘과 통하여 어떠한 어려운 일이라도 이룰 수 있다는 뜻이다. 생각에 의하여 만들어진 의지는 가슴에서 저장된다. 한 가지에 대한 생각이 많아지면, 그것에 대한 실천의지가 가슴속에 그만큼 강하게 생기는 것이다. 그러한 실천의지를 만들기 위해서는 첫 번째로 목적을 만들어야 한다. 목적이 없다는 것은 의지가 없다는 것과 같다. 목적 없이는 가고자 하는 방향을 정할 수 없고, 하고자 하는 의지를 만들 수 없다. 목적을 만들고 그것을 이루기 위한 방법을 짜야 한다. 그 다음 그것을 이루기 위하여 밤낮으로 고민하고, 연구해야 한다. 그러면 당신이 원하는 것들을 이루게 될 것이다.

목적을 갖는 것은 인생의 방향과 그 길을 찾는 것과 같다. 목적이 있다면 목적으로 가는 길을 찾게 된다. 즉 미래의 나를 설정하고, 그 미래의 나에게 다가가는 것이다. 미래의 자신이 되고 싶은 자기 자신과 만나는 상상을 하면 기쁨이 가득하게 된다. 그것은 장래의 희망이 되는 것이다. 그러면 현재의 노력은 즐거움이 되고, 미래는 희망이 된다. 과거로부터 무언가를 배우고, 현재는 즐겁게 노력하고, 미래를 희망으로 채운다면 그 삶은 바로 행복이 된다. 하지만 자신의 인생목표를 세우지 않으면 그저 바다 한가운데 서 있는 배와 같다. 갈 곳이 없게 된다. 오늘은 저기 떠 있는 별이 예뻐 저쪽으로 가고, 또 내일은 이 바람이 시원하여 바람을 타고 이쪽으로 간다. 그러다 거친 파도를 만나 난파되고 부서진 뱃조각은 의미 없이 해변가를 떠다니고 만다.

목적과 계획이 있는 사람은 외롭지 않다. 언제나 할 일이 있어 가슴이 두근두근 대는데 외로울 수 없다. 외로움은 가슴이 뜨거운 사람은 느낄 수 없는 병이다. 외로움은 열정이 있는 사람에게 보이지 않는 유령과 같다. 외로움은 시간이 소중한 사람에게는 그저 한때 찾아 왔다 금세 떠나는 감기와 같다. 계획을 짜는 것은 성을 쌓는 것과 같다. 잘 갖춰진 성안에서는 예상치 못한 변수의 공격을 막아 낼 수 있고, 튼튼한 성안에서 한방의 공격을 차근차근 준비할 수 있다. "계획 없이 시작한 날은 혼돈을 끝난다(The day that starts without a plan will end in chaos)"는 말처럼, 계획 없이 사는 인생은 고통과 외로움과 시간의 낭비로 후회스러운 인생을 마치게 될 것이다.

백 년을 잘 이끌어 가려면, 백 년의 계획이 있어야 한다. 모든 사람은 시간을 가지고 태어난다. 누구는 그 시간을 위대해지도록 쓰고, 누구는 그 시간을 비참해지도록 쓰며 산다. 누구의 인생이든 확실하고 정해진 것은 없다. 모두의 내일은 불확실하다. 계획하지 않고, 실천하지 않고, 오늘 걷지 않으면 내일은 모두 뛰거나, 끌려갈 수밖에 없다. 인생을 단기전(短期戰)으로 보고 1주, 한 달의 계획만 세우다 보면, 인생은 조각조각 붙여진 너덜너덜한 누더기 옷이 된다. 100세 수명의 시대에는 백 년의 계획이 있어야 한다. 인생 전체의 그림을 그려라. 하루, 일주일, 한 달, 1년과 5년 그리고 10년 단위의 인생 플랜을 짜고, 그것을 살펴라. 단기목표는 자신을 지치지 않게 하고, 장기목표는 자신이 나아갈 방향을 잃지 않게 한다. 즉 행복한 삶을 살려면 목적을 가지고 그것을 향해가는 과정을 즐길 수 있어야 하는 것이다. 행복은 과정에 있고, 그 과정을 즐기며 자신이 세운 목적을 향하며 살아야 한다.

당신이 꼭 이루고 싶은 인생의 멋진 계획을 세워라. 인생의 계획은 당신의 보물이다. 인생은 당신의 멋진 보물을 찾는 과정이다. 당신이 세운 목표를 위해서 당신은 삶을 살아야 한다. 목표가 없는 인생은 어디로든 갈 수는 있겠지만, 계획이 없으면 노를 저을 이유를 찾지 못한다. 목표와 계획은 노를 저을 이유가 되고, 이유는 에너지가 되고, 동기(動機)가 된다. 동기가 없으면, 의욕도 없고 노를 젓지도 않는다.

물론 계획은 한 번에 세워지지 않는다. 한 번 정해 놓아도 수정되고, 또 수정된다. 상황은 언제나 변한다. 조건도 달라지고, 점점 많은 것을 알게 되면서 각자 더 나은 계획과 목표로 끊임없이 수정되어야 한다. 중요한 것은 우리는 항상 그 목표와 계획을 잊지 말아야 한다는 것이다. 목표를 향한 끊임없는 노력이 비전을 만든다. 비전(Vision)은 미래를 볼 수 있는 힘이다. 뭔가에 당신의 정신과 시간과 노력을 투자한다면 당신은 비전을 통해서 미래를 보게 될 것이다.

사람은 누구나 꿈을 닮아간다. 그만큼 그 꿈을 생각하기 때문에 닮아가게 된다. 여기서 꿈이란 것은 생각에 의해서 구체화된 자신이 되고 싶어 하는 대상이다. 꿈이 정해지면, 그것을 이룰 수 있는 방법들을 찾는다. 그 꿈을 생각하면 할수록, 그리고 그 꿈으로 다가가기 위하여 연구하면 할수록 자신도 모르게 점점 구체적으로 생각하게 된다. 그 다음 그 꿈을 찾아 행하고, 그 꿈을 향하여 한 발짝, 두 발짝 다가간다. 얼마만큼 그 꿈을 향해 가다가 새로운 길들을 발견하면 새로운 꿈을 찾게 된다. 자신이 기존에 하고 싶었던 그것보다 더 좋고, 더 새로운 꿈을 발견한 것이다. 그렇게 몇 번의 꿈을 교체한 후 무언가가 된다. 한 가지는 아니지만, 그 꿈들이 지금의 자신을 만든 것이다. 위대한 사람들은 위대한 꿈을 간직한 것이고, 나무의 가지에 새로운 가지가 나고 그 가지에 새로운 가지가 나듯, 꿈이란 그렇게 변해가는 것이다. 결국, 사람을 만드는 것은 그 꿈에 의해서다. 자신이 꾸었던 꿈에 의해서 자신을 만들어 가는 것이다. 그리고 그 꿈은 생각, 자신의 의도적인 사고에 의하여 만들어지게 된다.

메모의 효과

계획을 구체화하려면 적어야 한다. 성을 쌓아 봐야 틈이 보이고,

메꿀 곳을 찾을 수 있는 것처럼 당신의 계획을 글로 쌓아봐야 벌어진 틈을 위하여 돌을 비틀어 볼 수 있고, 그 돌을 깎아내고 시멘트를 바를 곳을 찾을 수 있다. 그렇게 구체화 시키려면 자신의 꿈을 적어놓고 길을 가다 살펴보고, 잠자기 전에 쳐다보고, 장마가 온 뒤로 틈이나 금이 갔는지 보고 또 봐야 진단하고 처방할 수 있다. 당신의 꿈을 계획으로 세웠다면 꿈이 곧 계획이 된다. 꿈을 꾸는 자는 그 꿈을 닮아가는 것처럼, 당신의 인생은 당신의 계획을 닮아 갈 것이다. 계획은 미래로 가는 선로(rail)를 놓는 것이다. 자신의 인생은 어디로 향할 것인지, 무엇을 볼 건지를 정하는 것이 바로 그것이다.

〈최후의 만찬〉과 〈모나리자〉를 그린 레오나르도 다빈치는 자신의 생각들을 글과 스케치로 메모한 것이 2만여 페이지가 된다고 한다. 다빈치는 이 노트에 다른 사람에게 보내는 편지는 물론 오늘날의 헬리콥터, 낙하산, 잠수함, 장갑차 등을 기록하여 예술적 영감과 폭넓게 창작할 수 있는 원천이 되었다고 한다. 다빈치에게 메모는 자신의 생각을 표현하기도 했지만, 자신의 생각을 발전시키고 더 구체화한 작업이기도 하다.

모든 일이 계획대로 되는 것은 아니다. 그래서 "Hope for the best, Plan for the worst(최고를 지향하되, 최악을 대비해라)" 해야 한다. 그 계획에 맞게 최선을 다해도 시행착오를 거치고, 실패를 경험하게 된다. 물론 최선의 선택을 택하여 언제나 진심으로 노력을 다하여야 하겠지만, 그러한 선택이 최악의 상황을 만들도록 하게 해서는 안 된다. 즉 쉽게 도박하듯, 아무 때나 올인(All in, 즉 몰빵)하여서는 안 된다. 최악에 대한 대비가 있지 않으면, 인생이 나락으로 빠질 수가 있다. 교토삼굴(狡兎三窟, 영리한 토끼는 굴을 세 개나 가지고 있어 죽음과 위험에서 면할 수 있다)처럼 계획을 세울 때는 차선책을 만들어 놔야 한다. 그리고 그 차선책은 첫 번째 목표와 연결할 수 있는 것이 좋다.

목적을 만들었다면 이제 그 목적에 몰입해 보아라. 몰입이란 한 가지에 전념(專念)하는 것이다. 몰입이란, 당신의 잠재의식에 오직 한 가지 생각만을 가득 채우는 것을 의미한다. 잠재의식은 무의식을 지배한다. 잠재의식은 당신의 꿈속을 지배하고, 당신에게 생긴 갑작스런 여유의 시간을 무엇으로 채울 것인지를 결정해 준다. 이렇게 당신의 조그맣게 나눠진 소중한 시간들을 모아서 당신이 이루고자 하는 커다란 목표를 위하여 좀 더 구체적으로, 뚜렷하게 계획하고, 실천하게 하는 것이 바로 몰입인 것이다. 즉 한 가지만 생각하기, 한 가지에 초점을 맞춰 살아가려는 노력이 바로 몰입인 것이다.

몰입은 그것을 즐길 때 가능한 일이다. "잘 아는 사람은 그것을 좋아하는 사람만 못하고, 그것을 좋아하는 사람은 그것을 즐기는 사람만 못하다(知之者 不如好之者, 好之者 不如樂之者, 지지자 불여호지자, 호지자 불여락지자)는 공자의 말씀도 이것을 대변한다. 또 교세라의 창업주인 '가즈오 이나모리'는 "거대한 성공을 거두기 위해서는 성공하고야 말겠다는 강렬한 당신의 잠재의식이 밑바닥까지 스며들어야 한다"라고 하며 몰입을 강조했다. 의식적으로 무언가 한 가지 목표에 자신의 생각을 계속 쏟아붓게 되면, 무의식적인 사고영역에까지 그 목표로 가득 차게 된다. 그러면 그 무의식은 열정을 만들게 된다.

다스리지 못하는 열 가지 재주보다, 남들보다 뛰어나고 깊이 있는 한 가지 재주가 자신을 일으키는 법이다. 평범한 재주를 아무리 많이 가지고 있어 봐야, 남들보다 뛰어난 한 가지 재주를 가지고 있는 사람을 이겨내기 힘들다. 그리고 세상은 그러한 사람을 더 필요로 한다. 배움과 독서를 하는 데에도 먼저 뜻과 목표를 잡아 자신이 가고자 하는 방향을 잡는 것이 중요하다. 그러면 한 가지 분야에 재주를 얻게 될 것이기 때문이다. 한 분야의 책만 1,000권을 읽어 보아라. 당신은 어느덧 그 분야에서 3% 내에 위치해 있을 것이다.

인류의 역사에서 큰 획을 그은 사람들의 공통점은 모두 국어, 영어, 수학, 과학 등 모든 과목에서 잘했던 것이 아니라, 자신이 좋아하는 분야를 확실하게 정한 것에 있다. 그 분야의 관심을 놓치지 않고, 오랫동안 생각하고, 연구하고 알아갈 수 있는 몰입이 있었던 것이다. 그들은 밥을 먹으면서, 눈을 감고 잠이 들고 나서도 그 한 가지 일들을 끊임없이 생각하는 전념을 가지고 있었던 것이다.

피카소(Pablo Ruiz y Picasso, 1881~1973)의 아버지는 미술 교사였는데, 피카소가 말을 배우기 시작할 무렵인 4살 때부터 그림에 모든 힘을 쏟을 수 있도록 피카소의 마음에 그림에 대한 열망을 매일매일 가득 채워 주었다. 그림에만 전념한 나머지 초급학교에서는 학습능력이 저조하고, 읽기와 쓰기조차 힘들어하였지만, 결국 〈게르니카〉, 〈아비뇽의 처녀들〉 같은 명작을 남기며 20세기 최고의 거장이 되었다.

또 에디슨(Thomas Alva Edison, 1847~1931)은 학교에서 수업과 관련

없는 쓸데없는 질문을 많이 하여 산만한 아이라는 평을 들었고, 학교 교육에는 관심을 느끼지 못하였다. 그리하여 정규교육을 받은 시간은 고작 3개월밖에 되지 않지만 전기분야에 관심을 보이는 그에게 에디슨의 어머니 낸시는 그의 전기에 대한 관심이 끊이지 않도록 그에게 지원을 아끼지 않았다. 그리고 디트로이트 도서관에 살다시피하며 많은 책을 읽고, 결국 1,093건의 특허를 획득하였다. 또 백열전구를 개선하고 발전시켰을 뿐만 아니라 축음기의 발명과 전자공업 발달의 중요한 바탕이 되었다. 그리고 세계 최고의 전기회사인 GE를 설립하게 된다. 그들이 과연 자신이 원하는 한 가지 분야에 몰입하지 않고, 다방면에 관심을 보였다면 그들의 업적을 이룰 수 있었을까?

몰입의 방법

그렇다면 역사에 위대한 획을 그었던 사람들은 어떻게 몰입을 하게 되었을까? 그들은 첫 번째로 원하는 것을 사진이나 그림으로 스크랩하여 시각화한 다음, 그것들을 자주 보았다. 옛날 우리 선조들은 자신의 목표나 생각들을 자주 보고, 오랫동안 그 생각을 유지하기 위하여 그릇에 목표를 적거나 집안 곳곳에 붙여 놓았다. 또 벤자민 플랭클린(Benjamin Franklin, 1706~1790)은 손바닥에 자신이 원하는 것이나 되고 싶은 인물과 성격 등을 매일 손바닥에 적으며 틈나는 대로 자주 보았다. 이는 그러한 것들을 자주 보면서 자신의 생각

을 한 가지로 몰입하게 하고, 자꾸 그 목표를 생각할 수 있도록 포커
싱(Focusing)한 결과이다.

일신우일신(日新又日新)4)이란 말이 있다. "매일매일 새로워진다" 즉
매일매일 발전하고, 진보하도록 변화한다는 의미로 자신이 세운 목
표를 매일 정진하여 발전한다는 말이다. 또 반명(盤銘)이란 중국 은나
라의 건국 시조인 탕왕이 자신을 경계하기 위하여 대야에 훈계의 글
을 새겨 놓고, 세수를 할 때마다 글귀를 보며 노력을 게을리하지 않
았다고 한다. 무엇이든 시각화하여, 자신에게 자주 보여준다면, 그것
은 당신에게 현실로 보답할 것이다. 만약 당신도 그렇게 몰입하고 싶
다면, 당장 당신이 인생에서 원하는 목표와 그것을 이룰 계획을 적은
종이를 만들어라. 그리고 그것을 몸에 항상 지니고 다니며, 틈나는
대로 보면서 그것을 간절히 소망해 보아라. 그렇게 하면 당신의 잠재
의식은 조금씩 그것을 얻기 위한 구체적인 작업을 시작할 것이고, 어
느 순간 당신의 목표가 당신 앞에 와있음을 알게 될 것이다.

1953년 예일대학교에서 졸업하는 학생들에게 목표설정에 대한 조
사를 한 적이 있다. 이때 졸업생의 3%만이 자신의 목표를 명확하게
글로 써서 가지고 있었다. 그리고 나서 20년이 지난 후 예일대학교는
그 졸업한 학생들의 성공 정도를 조사하기 시작하였다. 그 결과 자신
의 목표를 지니고 있던 3%의 학생들이 그렇지 않은 97%의 학생보다

---

4) 일신일신우일신(日新日新又日新)이라는 표현으로도 쓰이는데, 은나라 시조인 성탕
(成湯) 임금의 반명(盤銘)에 새겨져 있는 글귀에서 비롯된 것.

월등한 사회적 성공을 거둔 것을 밝혀냈다. 자신의 목표를 써서 지니고 다니는 것이 별것 아닌 것 같지만, 그 목표를 볼 때마다 자신의 의지가 생성되고, 자신의 행동이 그 목표를 이루기 위해서 행해지기 때문에 동기부여를 하는 가장 좋은 방법이라는 것을 알아낸 것이다.

이후 하버드에서도 1979~1989년 10년 동안 하버드 MBA 졸업생을 대상으로 비슷한 연구를 하였다. 마찬가지로 3%의 학생만이 자신의 목표와 그것을 이루기 위한 계획을 지니고 다녔고, 13%의 학생은 목표는 있었지만 그것을 기록하지는 않았다. 그리고 나머지 84%의 졸업생들은 목표를 가지고 있지 않았다. 시간이 지나고 10년이 지난 후인 1989년 목표만 가지고 있고 그것을 기록하지 않은 13%의 학생은 아예 목표를 가지지 않았던 84%의 학생들보다 평균 2배의 수입이 있었고, 명확한 목표를 가지고 있던 3%의 졸업생들은 나머지 97%의 졸업생 보다 10배의 수입을 올리고 있었다. 그렇다면 당신은 어떤 축에 들고 싶은가?

종이 위의 기적을 행하여 보아라. 쓰고, 가능한 그것을 자주 보아라. 당신이 보는 그 종이는 당신에게 행동과 방향을 가르쳐 줄 것이다. 목적지에 도달하기 위해서는 이정표가 필요한 것처럼, 이 이정표는 자신을 행동하게 만들어주고 동기를 부여해 줄 것이다. 목표와 이정표가 있으면 자신에게 무엇이 필요한지, 어디로 가야 하는지, 무엇을 해야 하는지, 잠시 생기는 짬이나 자투리 시간, 문득 새벽에 눈이 떴을 때 무엇을 해야 하는지 당신에게 가르쳐 줄 것이다.

몰입하기 위해서는 삶을 단순하게 만들어야 한다. 많은 만남과 신경 써야 할 일들이 많아지면 한 가지를 오랫동안 생각하기 힘들고 때로는 일상에 그 목적이 묻혀버리기도 한다. 최대한 삶을 간결하게 만들고 당신의 목적에 전념(專念)하고, 오로지 그 한 가지만을 생각하도록 노력해야 한다. 당신의 삶에서 불필요한 요소는 끊임없이 제거되어야 한다. 그렇게 하기 위해서는 먼저 다양한 것에 관심이 배분되지 않게, 오랫동안 깊숙이 하나에 관심을 갖게 하고, 깊이 집중할 수 있도록 하는 경험이 필요하다. 언제나 호기심이 가득한 눈빛으로 세상을 사는 것도 중요하지만, 그 호기심을 하나로 수렴하여 집중하게 하는 경험이 먼저 필요하다. 세상의 위대한 일들은 넓게 파는 것보다 먼저 깊이 파는 것에 더 많이 연관되어 있다. 그것을 깊이 판 다음에 그 범위를 넓히는 것이 더 효과적이다. '다능(多能)은 군자의 수치'이고, 재주 많은 사람이 굶어 죽는다고 하였다. 다 잘하려고 하지 말고, 한 가지에 관심을 갖고 그것에 집중하고, 전념하며, 연구하는 노력이 필요한 시대이다. 한 가지를 먼저 깊이 익히고, 그 다음 범위를 넓혀야 할 것이다.

목표를 가지고 있으면, 자신의 모든 에너지를 한곳에 모을 수 있다. 스티브 잡스의 연설처럼 여러 곳에 흩어져 있는 생각들을 한 가지에 연결할 수 있다면, 자신의 생각을 그 목표에 포커스를 맞추고 목표를 염두하며 살아간다면, 당신은 무엇을 하든지 그것의 목표와 연관되게 아이디어를 얻을 수 있게 된다. 우리의 인생은 목표가 있는 곳으로 흘러간다. 자신이 되고 싶어 하는 자신, 자신이 계속 꿈꾸는 사람, 미래의 자신에게로 당신의 시간은 보내지게 될 것이다. 명확한 목표는 자신을 일직선으로 나아가게 한다.

사람은 생각하는 대로 된다

"사람은 먹는 대로 된다(인도 속담, As a man eats, so shell he become)"가 육체에 관한 이야기라면, "사람은 생각하는 대로 된다"라는 것은 정신에 관한 이야기다. 원하는 것을 목적으로 삼고, 그것을 종이에 적어서 매일매일 그것을 생각하며 살아간다면 당신은 생각하는 그것대로 이루어지게 될 것이다. 그것을 강하게 원하고, 소망한다면 말이다. "위대한 사람은 탄생되는 것이 아니라, 만들어지는 것이다"는 말처럼, 위대한 사람은 처음부터 타고난 것이 아니라, 독서를 통하여 자신의 생각을 가꾸고 강력한 의지를 만들어 자신의 생각을 현실로 만드는 사람이다. "역사의 흐름 속에 계속 나타나는 도전과 과제에 대응하여 창조적 소수(Creative Minority)가 응전(應戰)에 성공해야만 역사는 계속 발전할 수 있다"고 말한 토인비(A. Toynbee)의 말처럼 창조적인 자세로 새로운 일에 도전하는 자만이 시대의 리더가 되는 길이다.

독일의 대문호인 마틴 발저는 "우리는 우리가 읽는 것으로 만들어진다."라고 했다. 독서는 혜안을 만들어 준다. 본질을 꿰뚫어 보게 하는 것은 바로 정신을 발달시키는 것에 있다. 이러한 혜안은 하루아침에 만들어지지 않는다. 빌 게이츠가 과학을 예측하고, 워렌 버핏이 성공할 기업을 고르는 것에는 그 대상을 꿰뚫어 보았기 때문이다. 현실은 꿈을 펼치는 도화지이지만, 현실은 자신의 몸을 그리 호락호락 내주지 않는다. 현실은 연습과 경험이 있는 사람만이 쓰러뜨릴 수 있는 혹독한 라이벌이다. 현실은 무시할 수도 없고, 버릴 수도 없는 우리의 오늘이다. 그리고 오늘의 현재는 어제 내가 만들어 놓은 미래이다. 독서를 통하여 미래에 발생 가능한 모든 것들을 예견하고, 철저한 계획을 생각할 수만 있다면, 그리고 계획할 수만 있다면 당신의 목표는 현실이 되어 당신에게 다가올 것이다.

독서는 평범한 사람이 보지 못하는 것을 보게 만드는 새로운 감각을 만들어 준다. 그 감각이 안목이고, 혜안이고, 통찰력이다. 독서가 계속되면 지식이 쌓이고, 이러한 지식을 곱씹으며 사색하게 되면 안목과 혜안, 그리고 통찰력이 생긴다. 안목과 혜안, 통찰력은 어떤 대상 또는 목적에 대하여 잘 아는 것이다. 그것을 잘 알면 다음 행로를 유추할 수 있는 능력이 생긴다. 모든 살아있는 것들은 일정한 패턴을 가지고 있다. 그 패턴을 아는 것이다. 일정하게 반복되고, 벗어난다 하더라도 큰 범주를 벗어나지 못하는 것이다. 독서를 처음 하는 사람에게는 글을 읽는 것이 익숙하지 못하여 힘든 일이지만, 독서에 익숙한 사람은 글에 담겨져 있는 의미에 재미를 느끼게 된다. 그래서 시간이 지나면 독서를 즐겨하는 사람과 그렇지 않은 사람과의 격차는 더욱 벌어지고 만다.

생각이 반복되면 믿음이 되고, 믿음이 반복되면 신념이 된다

믿음이 강하면 신념이 된다. 그리고 신념이 강하면, 현실이 된다. 결국 사람은 믿는 대로 된다. 생각이 반복되고, 굳어지고, 강하게 되면 결국 믿게 된다. 사람은 생각하는 대로 믿는다. 그리고 사람은 보는 대로 생각한다. 그러니 자신이 되고 싶은 것을 보고, 생각하면 되는 것이다. 하루에도 몇 번씩 자신이 되고 싶은 것을 외쳐라. 특히 자신이 혼자 있을 때 틈틈이 외쳐라. 자신에게 외치는 메아리가 신념이 될 것이다. 생각은 의지를 만들고, 의지는 실천을 만든다. 따라서 원하는 바를 계속 생각하면 결국 그것을 이룰 수 있다. 생각은 머리에서 하고 의지는 마음에서 만들어진다.

오감에 의해서 받은 정보는 생각의 씨앗이 된다. 보고 듣는 것을 잘 조절해야 하고, 훌륭한 인격을 가진 친구를 사귀어라. 물론 당신도 그렇게 되어야 한다. 친구만큼 당신의 생각에 영향을 미치는 존재도 없을 것이다. 책과 친구가 당신의 사고를 결정짓는 중요한 요소가 될 것이다. 맑은 공기, 맑은 물, 그리고 몸에 좋은 음식을 먹는 일은 육체적 건강에 아주 중요하지만, 좋은 사람들을 곁에 두어 정신적 건강을 채워주는 것은 바로 책과 친구라는 사실을 잊지 말아야 할 것이다. 다행히 정신을 건강하게 하는 요인 중에 하나가 망각이다. 살아가면서 우리는 보지도, 듣지도 말아야 하는 일들이 너무도 많다. 그러한 부정적인 일들이 머릿속에 하나둘씩 쌓이게 되면, 사람들은 모두 우울증이나, 조울증에 걸릴 것이다. 그래서 인간의 기억이 완전하지 못하고, 잊어버리며 사는 것이다. 생각하는 것 역시 인간의 본능이 되었다. 보는 것, 듣는 것을 통제하지 않으면, 마음은 갈지 않은 밭처럼 잡초가 무성히 자랄 것이고 언젠가는 그 잡초가 모든 마음을 가득 채워 볼품없는 성격의 소유자가 되고 말 것이다. 생각은 행동의 에너지다. 무언가를 생각하면, 그것을 생각하면 생각할수록 그것을 더 하고 싶어진다. 생각을 통제하는 연습을 하자.

chapter 3
독서의 이점

책을 읽는다는 것은 자신의 삶에 하나의 인생을 더하는 것이다. 내가 살아가는 내 삶에 다른 사람의 시각을 얻는 것이고, 그의 시각으로 나의 삶을 한 번 더 바라볼 수 있는 기회를 얻는 것이다.

독서의 이점

독서할 때 당신은 항상 가장 좋은 친구와 함께 있다.
-시드니 시미스

책은 사람을 만들고, 사람은 책을 만든다.
-신용호

독서란 무엇인가

독서란 문자라는 시각적 매체를 통하여 그 문자가 가지고 있는 개념과 의미를 인지하는 것을 말한다. 글을 읽는 것은 사람의 선천적인 능력이 아니다. 그것은 학습과 훈련에 의하여 습득되는 것이다. 인류가 문자를 발명한지 몇천 년밖에 되지 않았다. 처음에는 벽에 그림을 그리며 자신의 생각을 남겼지만, 그림만으로는 생각이나 감정을 정확하게 표현하기에는 많은 어려움이 있었다. 그러한 노력으로 그림에서 글자로 변형되고, 추상적인 생각을 표현하는 문자 등이 계속되어 발전하게 되었다. 독서는 이러한 이전의 수많은 사람들의 생각과 경험을 시각이라는 감각을 통하여 흡수하는 것이다. 그러한 책을 많이 읽는다면 사고의 범위가 넓어질 수밖에 없다는 것은 자명한 사실이다. 한 분야에 깊이 있는 독서는 그 분야의 전문성을 길러 그 분야에 깊은 지식을 쌓을 수 있고, 그 분야를 리드하는 리더가 될 수 있다. 다양한 분야의 책을 넓게 읽게 되면 유연한 사고와 창의성을 기를 수 있다. 이로써 문자는 인류가 쌓아 놓은 지식을 알 수 있는 최고의 발명품이며, 생각을 전달하는 최고의 방법 중에 하나이다.

독서는 사람을 젊게 유지한다

독서는 젊은 사고를 유지하게 할 수 있다. 정신이 젊다는 것은 모든 것에 대하여 자유롭고, 평등하게 대할 수 있는 것을 의미한다. 편견과 아집이 없는, 무엇하나 생각하고 행동하는 데 걸림돌이 없는 것이다. 사고가 젊으면 아픔에 대한 치료가 빠르다. 실패에 대해서도 극복하는 속도가 빠르고, 웬만한 정신적인 충격에도 견뎌낼 수 있는 항체가 생겨난다. 성장에 대한 욕구와 가능성, 사고의 영역을 넓히고자 하는 욕망, 그것이 바로 젊은 사고의 특권이다. 건강한 사고와 알고자 하는 강한 동기는 사고의 젊음에 의하여 생겨나는 것이라 할 수 있다. 법과 도덕의 보호 범위 안에서 다른 사람에게 피해를 주지 않는다면 무엇이든 사고할 수도, 행동할 수도 있는 자유로움이 바로 젊음인 것이다.

독서는 공부의 기본이자 시작이다

우리는 대부분 말과 글로 학습을 한다. 학교에서 배우는 교과서는 모두 글로 되어 있고, 스스로 공부를 하는 시간에는 대부분 책을 통하여 공부를 한다. 즉 문자를 읽어 이해하고 습득하는 능력이 떨어지게 되면 학습능력 역시 그 효율이 떨어지게 된다. 실제로 지능 검사를 한 결과 읽기 능력이 떨어지는 아이들 대부분이 학습에 어려움을 겪고 있었다. 교과서에 중요하다고 생각되는 부분에 밑줄을 긋고, 요약하라는 과제를 내었을 때, 읽기 능력에 따라서 많은 차이가 나는 것을 알 수 있었다. 또 읽기 능력이 뛰어난 아이는 어려운 글을 읽었을 때, 자신이 무엇을 알고 무엇을 모르는지 정확하게 아는 '초인지 능력'이 뛰어나고, 모르는 부분이 나오면 읽는 속도를 조절하고, 앞부분을 다시 읽는 등 나름대로의 읽기 방법을 가지고 있는 반면, 읽기 능력이 떨어지는 아이는 글의 문맥을 잘 이해하지 못했다. 읽기 능력이 뛰어난 아이들은 어려운 글이라도 나름대로 이해하고, 정리하며 분석할 줄 아는 등, 읽기 능력과 학습능력은 상관관계가 매우 높다는 것이 밝혀졌다. 그래서 공부를 잘하고 싶은 사람은 책을 많이 읽어 문자의 습득능력과 활용능력을 높여야 한다.

대부분의 지식을 제공해 주는 매개체 역시 문자로 되어 있다. 아주 오래전부터 지식과 생각을 전하기 위하여 우리는 문자를 사용해 왔고, 앞으로도 문자의 활용도는 떨어지지 않을 것이다. 이렇게 중요한 문자의 사용능력을 개발시키지 않는다는 것은 앞으로 자신의 삶을 발전시키지 않겠다는 것과 같다. 사실 인생의 초년에 해당하는 20세까지는 자신의 환경에 강하게 영향을 받는다. 이 시기에는 자신이 목표를 세우고, 그것을 실천하려는 의지에 의하여 생활하는 것보다, 자신의 부모님이나 친구들에게 더 많은 영향을 받아 그것에 의하여 생활하고 생각하는 것이 더 많다. 하지만 20세가 넘어가면 온전히 자신의 선택과 책임에 의하여 살아가야 한다. 그러한 선택에 올바른 힘을 제공하려면 많은 지식을 쌓아야 하고, 선택의 경험을 해보아야 한다.

학문의 시작은 독서에 있다. 2000년이 넘는 역사의 거의 모든 기록은 문자로 되어 있다. 인류의 지식과 지혜가 바로 문자로 쌓여 있고, 현재도 문자로 이러한 것들을 다른 사람에게 전달하고 있다. 올바른 자아는 올바른 사고에 의하여 형성된다. 자아란 자기 자신에 대한 의식이나 관념을 말한다. 자신의 사고나 행동에 일관성을 갖게 되는 가치관을 말하는데, 독서를 통하여 가상의 상황에서 사고를 하고, 생각의 범위를 넓히면 어떤 힘든 상황에서도 자신의 올바른 자아를 성립할 수 있게 된다. 그래서 독서를 많이 하는 사람일수록 자아가 발달된 사람이 많은 것이다. 또 자신의 자아를 발달시키려면 낯선 환경이나 경험해 보지 못한 새로운 것을 겪어 보는 것이 좋다. 자아가 발달된 사람일수록 의지도 많아 어떠한 일을 달성하려는 욕구가 많다. 그래서 보통 마음먹은 일은 반드시 이루는 경향이 있다.

책을 많이 읽으면 어휘력이 높아진다. 독서는 어휘력을 높이는 최고의 방법이다. 어떤 상황은 어휘력과 비례하여 더 분석적이고 자세하게 인지하게 된다. 이는 어휘의 사용능력만큼 상황에 대한 이해

능력이 늘어나기 때문인데, 어휘가 사고의 영역을 넓혀주고, 어휘력이 좋으면 자신이 설명하려는 것을 충분히 이해하고 있어 다른 사람을 설득시키는 데 중요한 역할을 하기도 한다. 또 어휘력이 좋으면 다른 사람의 말을 잘 알아들을 수 있다. 어휘를 많이 알면 알수록 이해력이 높아지고, 공부도 잘할 수 있는 것이 그 이유이다. 또 독서량이 많아지면 배경지식도 함께 넓어져 수업의 내용을 쉽게 이해하고, 오랫동안 기억할 수 있게 된다. 많은 어휘를 알고, 반복적으로 접하게 되면 책을 읽는 속도도 빨라진다. 그 문자가 담고 있는 의미를 쉽고 빠르게 이해할 수 있기 때문이다. 그래서 독서를 많이 하는 아이들은 그렇지 않은 아이들보다 똑같은 시간을 공부를 하여도 더 좋은 성적이 나오게 된다. 독서는 어휘력뿐만 아니라 논리적 사고력도 발달시킨다. 독서는 오랫동안 사고할 수 있는 집중력을 길러주고, 사람의 사고를 치밀하게 만든다.

다섯 가지 감각에 의하여 받아들여진 정보가 사람의 뇌에 전달되면서 기존 뉴런에 저장되어 있는 정보와 새로운 연결고리를 만든다. 그렇게 되면서 기존의 정보는 더 튼튼하게 연결되고, 새로운 정보는 기존의 정보와 쉽게 연결되고, 이해되고, 저장된다. 그래서 지식의 기억은 가속도가 있다. 새로운 정보를 쉽게 기억하는 방법은 기존에 가지고 있는 지식과 연관을 시키는 것이다. 지식을 저장하고 있는 뉴런과 뉴런을 연결시키는 것인데, 독서를 많이 하면 이러한 지식의 연결이 다양해지고 더 많은 배경지식을 갖게 된다. 즉 독서를 하는 사람과 그렇지 않은 사람 사이에 지식의 '빈익빈 부익부' 현상이 더 발생하게 된다. 어려서 독서습관과 읽기 훈련이 되어 있는 사람은 평생 독서를 통하여 지식을 얻는 데 어려움이 없을 뿐만 아니라, 가속도가 붙어 시간이 지나면 그 격차는 실로 엄청나게 된다.

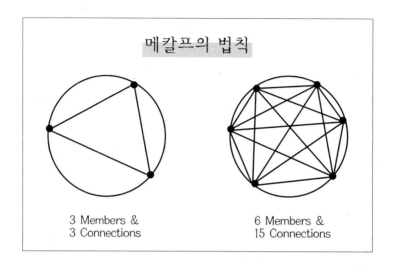

메칼프의 법칙

3 Members &
3 Connections

6 Members &
15 Connections

다음 그림은 미국의 대형 네트워크 장비업체인 3Com의 창립자이자 컴퓨터 네트워크를 위한 안정된 프로토콜인 이더넷(Ethernet)이라는 근거리 네트워킹 기술을 발명한 밥 메칼프(Bob Metcalfe)가 주창한 메칼프의 법칙(Metcalfe's Law)을 나타낸 것이다.

메칼프의 법칙이란 '어떤 네트워크의 유용성 또는 실용성은 사용자 수의 제곱과 같다' 즉 네트워크의 가치는 사용자 수의 제곱에 비례한다는 이론이다. 전화, 컴퓨터 또는 사람사이의 모든 네트워크의 가치는 그 사용자가 추가될 때마다 제곱의 수만큼 크게 증가한다는 것인데, 이는 예를 들면 세 명의 사람에게는 3개의 연결선이 나오고, 4명의 사람에게는 6개, 6명의 사람에게는 15개의 연결선이 나오는 결과가 생긴다. 이는 지식에도 활용이 되는데, 많은 독서와 지식을 쌓았을 때 역시 그것을 연결하여 응용하고, 활용할 수 있는 지식이 기하급수적으로 증가될 수 있다.

이후 왈버그와 트사이란 두 학자가 저학력의 심각성을 마태 효과(Matthew effect, 미국의 사회학자인 로버트 킹 머튼(Robert King Merton)이 자신의 저서 『과학사회학』에 처음 언급한 용어)로 진단한 바 있다. 이는 마태복음 제25장 제29절의 '무릇 있는 자는 받아 충족하게 되고 없는 자는 그 있는 것까지 빼앗기리라.'는 구절로 가진 자는 더 많이 갖게 되고 덜 가진 자는 점점 더 적게 가지게 된다는 부익부 빈익빈 현상을 설명하는데 자주 인용되는 효과로, 부(富)와 마찬가지로 지식도 지식을 찾는 사람은 지식을 더 얻게 되고, 지식을 찾지 않는 사람은 상대적으로 지식을 덜 갖게 되는 것이다. 응용하자면 백 권의 책을 읽으면 4,950권의 창의적인 아이디어를 더 만들 수 있는 것이다.

많은 정보를 가지고 있는 사람일수록 새로운 정보를 쉽고, 더 빠르게 받아들일 수 있지만 기존의 정보도 새로운 형태로 변형되기도 한다. 이것이 새로운 것을 만들어 가는 창의성으로 발현된다. 그렇게 뇌는 지적인 진화를 일으키게 된다. 새로운 것을 배울 때마다 뇌의 신경세포인 뉴런에 정보가 저장되고, 또 뉴런과 뉴런 사이에 생기는 새로운 연결고리 수가 증가하면 할수록 인지능력과 식견, 그리고 연상능력도 같이 발달하게 된다. 그렇게 뇌는 더욱 진화하게 되고, 그렇게 우리는 각자가 인식하는 세상에 살게 되는 것이다. 어떤 정보를 얼마나 더 받아들이고 있느냐에 따라서 인지능력이 달라지는 것이다. 정보에 의하여 연결된 뉴런의 경로는 또 다른 정보와 연결을 일으키고, 융합되며 '지식의 화학반응'을 일으킨다. 그리고 더욱 발달하게 되면 그의 뉴런은 사통팔달(四通八達)로 교차하게 되어 여러 분야의 학문을 뛰어넘으며 상호 연결점을 늘려나간다.

다양한 분야의 독서는 사람의 확산적 사고(divergent thinking)5)를 발달시킨다. 교과서 같이 반복적으로 읽어 정확하게 암기해야 하는 것은 수렴적 사고(convergent thought)6)가 필요하지만, 상상력과 창의력을 자극하는 것은 바로 다양한 책을 읽는 독서가 필요하다. 학교 수업과 같이 내용을 반복적이고 수렴적인 사고만을 하다 보면 재미와 능률이 사라진다. 하지만 수업을 독서와 병행하여 수렴적 사고와 확산적 사고를 병행하게 하면 상상력과 창의력이 풍부해져 재미있는 수업이 될 수 있다. 수렴적 사고는 기존에 이루어진 지식을 습득하는 데 효과적이고, 확산적 사고는 새로운 것을 만들어 내는 데 효과적이다. 과학을 발전시켜 새로운 일자리를 만들고, 다른 사람의 다른 사고를 인정하는 데에는 확산적 사고가 필요하다. 선진국들 대부분이 교과서에 집중하지 않고, 책을 읽고 토론하는 수업을 진행하는

---

5) 문제 해결 과정에서 정보를 광범위하게 탐색하고, 한 가지 문제에 대하여 가능한 여러 답을 다양하게 산출하는 사고를 말한다. 확산적 사고가 발달된 사람은 상상력을 발휘하여 여러 가지 새로운 답을 찾을 수 있는 자유 질문을 좋아하며 창의적이다.

6) 지식과 논리를 따라 여러 가지 가능한 해결책에서 가장 적합한 답을 모색해 가는 사고방식을 말한다. 즉 사고가 문제에 대하여 가장 적절한 한 가지 답으로 수렴하도록 되어 있다. 수렴적 사고를 하는 사람들은 하나의 정답이 있는 문제들을 선호한다. 그래서 자신의 답만이 옳고, 다른 생각을 하는 사람을 배척하는 경향이 있다. IQ 검사는 수렴적으로 생각하는 사람들에게 높은 점수가 나오고, 창의성 검사는 확산적 사고가 발달된 사람에게 높은 점수가 나오도록 제작되었다.

이유가 바로 여기에 있다.

아시아 대부분의 나라가 그렇듯 우리나라도 교과서와 수렴적 사고에 집중한다. 특히 우리나라는 더 그렇다. 2014년 영국 최대 교육출판기업인 피어슨그룹[7]이 세계 주요 40개국을 대상으로 실시한 교육체계 평가에서 우리나라는 세계 1위를 차지했다. '2014 글로벌 인지능력 학업성취 지수'에서 40개국 가운데 최고점수를 차지한 것이다. 특히 한국 학생들은 중간·기말고사에서 좋은 성적을 받기 위하여 많은 분량의 암기식 교육에 의존한다는 점도 지적하였다. 하지만 성인을 대상으로 한 국제수리력컴퓨터능력평가인 '국제성인역량조사'에서는 한국이 평균에 못 미치고, 이 역시 암기식 교육의 폐해라고 그 원인을 밝히고 있다.[8]

수렴적 사고와 확산적 사고는 같이 발달시켜야 한다. 프랑스의 대학입학자격은 철학과 고전, 그리고 교양서적을 탐독해야 하는 '바깔로레아(Baccalaureate)'에 의하여 크게 좌우된다. 이 제도는 1808년 나폴레옹시대부터 약 200년 넘게 시행되고 있는 대입자격시험으로, 바깔로레아에서 50% 이상의 점수를 받는 모든 학생은 일반적인 국공립대학을 입학할 수 있는 절대평가 시험이다. 특히 가장 비중이 높은 과목 중의 하나며, 4시간 동안 3개 주제 중 1개를 선택해 논문 형태로 작성해야 하는 철학시험 논제는 프랑스 지성을 가늠하는 잣대

---

7) Pearson Group: 영국 파이낸셜 타임스, 출판사 및 대학 등을 경영하는 기업.
8) 암기형 주입식 덕분에?··· 한국, 세계 교육평가 1위, 한국경제, 2014. 05. 09.

로 인식되고 있다. 철학시험문제 자체가 사회적 이슈가 되어 시험이 끝난 후 각 언론매체나 사회단체들은 유명인사와 일반 시민들을 모아놓고 각종 토론회를 열 정도로 국민적 관심사가 되기도 한다. 이런 입학시험은 많은 독서가 되어 있어야 좋은 점수를 받을 수 있는 시험이다. 발생 가능한 문제점을 찾아내고, 그 해결책을 만드는 것은 충분한 독서가 선행되어야 한다. 독일, 이스라엘, 핀란드, 미국 등 세계 명문대학에서 최고의 교육을 실시하는 나라들도 역시 독서는 중요한 전형자료가 된다.

독서는 사고를 전환시킨다

미국 예일대학교에서 연구한 결과 하루 30분간 책을 꾸준히 읽은 사람은 책을 읽지 않은 사람에 비하여 사망위험이 20% 이상 줄어든다는 연구결과를 발표하였다. 약 2년 정도 수명이 길어진다는 것인데, 이는 독서가 기분을 전환시키고, 수면에 도움이 되며 뇌세포 간 연결을 강화하는 인지적 능력을 강화하는 등 정신과 신체 건강을 향상시키기 때문이라고 한다.

또 영국의 석세스대학교 데이비드 루이스 박사는 스트레스를 풀기 위한 가장 좋은 방법은 독서라고 한다. 6분 정도 독서를 하며 스트레스가 68% 감소되고, 근육 긴장이 이완되고, 심장 박동수가 낮아지는 것을 밝혀냈다. 이는 현실의 고민을 덜 생각하게 하고, 자신의 집중을 다른 곳으로 쏟게 하여 자신의 삶을 한 발짝 뒤에서 바라볼 수 있게 하는 힘을 가지고 있기 때문이다. 자신의 삶을 인생이라는 판밖에서 볼 수 있다면, 현재의 고통에 전념하는 것이 아니라 인생 전체를 바라보게 할 수 있고, 현재의 시련을 일부분으로, 과정으로, 그리고 지나가는 간이역 정도로 생각할 수 있기 때문이다.

사람은 책을 읽음으로써 인생을 바꿀 수 있다. 주어진 조건과 환경에서 그저 반응하는 삶이 아닌, 책을 통하여 자신의 삶을 계획하고, 주도하는 삶을 살아갈 수 있다. 독서는 정신을 단련하고, 혼을 불어 넣어주는 작업이다. 매일 책을 접하는 사람의 얼굴빛은 온화하고, 눈에는 빛이 있다. 사람을 여유롭게 대하여 다른 사람에게 너그럽다. 항상 아이디어가 넘치고, 응용력도 뛰어나며, 아이디어들을 새롭게 접목시켜 또 다른 아이디어를 만들어 내는 것을 좋아하고, 언제나 배우는 것을 즐겨한다. 그들은 항상 무언가를 하고 있으며, 멍하니 앉아 있는 것을 가장 지루해한다.

우리 모두는 어떤 하나를 똑같이 본다고 하더라도 그것을 생각하는 것은 모두 다르다. 예를 들어 '사랑'이라는 단어를 봤을 때 누구는 애틋함이나 가슴 떨림을 생각할 수 있고, 또 다른 누구는 배신을 생각할 수 있을 것이다. 이것은 각자 어떤 경험을 했는지와 그 경험을 얼마나 어떻게 받아들였는지에 따른 것이다. 그렇게 많은 경험을 해본 사람은 하나를 보아도 많은 생각을 할 수 있겠고, 그렇지 않은 사람은 한 가지 생각도 벅찰 수 있다. 이렇듯 독서를 통한 간접경험이 많은 사람은 한 가지를 보아도 여러 가지 시각으로 많은 생각을 할 수 있게 된다. 한 권의 독서로 우리는 하나의 시각을 더 가질 수 있다.

독서는 판단력을 길러준다

장 폴 샤르트루는 "인생은 B와 D 사이의 C다"라고 하였다. 여기에서 B는 탄생(Birth)을 의미하고, D는 죽음(Death)을 의미한다. 그렇다면 C는 무엇일까? 바로 선택(Choice)을 의미한다. 우리는 태어나서 죽을 때까지 수많은 상황에서 선택을 하여 인생을 써 내려 간다. 그 선택은 긴 시간 동안 선택에 대한 충분한 시간이 주어질 수도 있고, 아주 짧은 시간 안에 해야 하는 선택이 평생동안 인생 전체에 영향을 미칠 수 있는 중요한 일까지 우리는 수많은 선택 앞에 서게 된다. 그러한 매 순간에 옳은 지표를 가르쳐 주는 것이 바로 독서이다. 인생의 모든 것을 선생님, 부모님, 그리고 친구가 다 가르쳐 줄 수는 없다. 우리는 중요한 많은 것들을 스스로 배우며, 깨우쳐야 한다. 최고의 스승을 책으로 삼는 것은 가장 옳은 선택이다.

선택이 인생을 성공으로 만들기도 하고, 실패로 만들기도 한다. 그렇다면 훌륭한 선택을 하기 위해선 어떻게 해야 할까? 그것은 훌륭한 판단력을 가져야 한다. 훌륭한 판단력은 독서와 역경, 지식과 경험을 통하여 길러진다. 독서는 글자가 낳은 지혜의 산물이며, 시간의 건너뛰기이며, 초절정 경험이다. 한 사람이 일생을 거쳐 깨달은 절정의 산물을 책 한 권으로 쉽게 학습할 수 있다. 또 독서를 통하여 수백 년, 수천 년의 지혜를 얻을 수 있다. 독서를 통하여 당신이 더 많은 정보를 알게 되고, 더 많은 것을 인지할 수 있으면, 당신은 더 많은 선택의 수를 가질 수 있다. 독서는 선조들이 기록한 살아있는 지혜이며, 경험의 엑기스다. 그렇게 되면 당신의 인생은 우연에 의하여 이루어진 것보다 선택에 의하여 결정된 것들이 훨씬 많아지게 된다.

인간의 판단력은 그 사람이 가지고 있는 경험과 지식을 기반으로 한다. 그 범위가 좁다면 그가 내릴 수 있는 판단력 역시 그 힘이 크지 않다. 그리고 그 선택에 오류를 포함하게 된다. 선택은 자유의 또 다른 표현이다. 선택의 범위가 넓다는 것은 그만큼 자유의 영역도 넓다는 것을 의미한다. 자유가 많으면 가능성도 역시 많아진다. 계란이 스스로 부화하지 않으면 프라이팬 위의 후라이가 되듯, 인생에서 스스로 선택하지 않으면 그 선택은 대부분 자신에게 강요된다. 그리고 그 강요된 선택은 언제나 자신의 상황을 나쁘게 만든다. 최선의 선택을 하려면 먼저 다양한 데이터를 가지고 최적의 상황이 되도록 사고하고, 선택해야 할 것이다. 독서를 통하여 많은 데이터와 생각하는 힘을 길러 매 순간 다가오는 선택의 기로에 훌륭하게 대처해야 할 것이다.

태도란 몸가짐 또는 마음가짐, 즉 어떠한 일이나 상황에 대처하는 그 사람의 성격의 습관을 말한다. 이것은 일종의 생각 패턴을 의미하며, 자세라고 표현할 수 있다. 긍정적인 자세를 가진 사람은 언제나 최악의 상황에서도 최선을 기대하고, 부정적인 자세 즉 일반적으로 부정적인 성향을 보이는 사람은 최선의 상황에서도 최악을 기대한다. 대부분의 일들은 크게 그들이 기대하는 방향으로 움직이게 되어 있다. 그것을 얼마나 기대하느냐에 따라서 행동으로 연결 여부가 결정되겠지만, 언제나 최선만을 생각하고 염원하는 사람에게는 다소 시간의 차이는 있겠지만 기대하는 대로 이루어진다. 그 어떠한 사람도 태어나면서 모든 걸 다 갖춰 태어나는 사람은 없다. 모두 다 조금씩 자신이 원하는 대로 발달시켰기 때문에 그 분야에 두각을 나타내는 것이다. 모두가 비기너(Beginer)로 출발하지만 자신이 원하는 것으로, 자신이 선택한 것으로 이루어진 것이다. 스스로가 자신에게 어떠한 말을 하고, 어떠한 생각을 주입시켰는지, 어떠한 행동을 유도하였는지에 따라서 책임이 있고, 책임이 주어진다. 'GIGO(Garbage in, Garbage out) 처럼 우리의 뇌에도 좋은 말과 글을 머리에 넣으면 좋은 행동이 나오고, 좋지 않은 것들을 넣으면 좋지 않은 행동으로 이어진다. 좋은 태도를 견지하려면 좋은 책들을 읽어야 할 것이다.

독서는 창의성을 길러준다

"창의력은 서로 다른 것들을 연결시키는 것이다"라는 스티브 잡스의 말처럼 창조는 기존의 무엇으로부터 아이디어를 얻는 것들이 대부분이다 다양한 독서를 통하여 기억되는 정보는 머릿속에서 서로 재구성되며 새로운 아이디어와 법칙들을 만들어 낸다. 그래서 아는 것이 힘인 것이다.

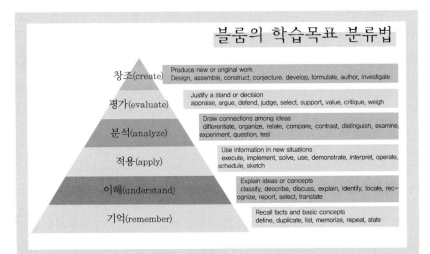

remember: recall facts and basic concepts(define, duplicate, list, memorize, repeat, state)

understand: explain ideas or concepts(classify, describe, discuss, explain, identify, locate, recognize, report, select, translate)

apply: use information in new situations(execute, implement, solve, use, demonstrate, interpret, operate, schedule, sketch)

analyze: draw connections among ideas(differentiate, organize, relate, compare, contrast, distinguish, examine, experiment, question, test)

evalute: justiy a stand or decision(appraise, argue, defend, judge, select, support, value, critique, weigh)

create: produce new or original work(design, assemble, construct, conjecture, develop, formulate, author, investigate)

위의 그림은 1956년 교육심리학자인 벤자민 블룸이 제시한 학습목표의 분류법이다. 아래에서 위로 올라갈수록 인지적으로 더 높은 수준을 요구한다. 상위단계는 하위단계가 선행되어야 한다. 기억할 수 있어야 이해할 수 있고, 그 이후 적용할 수 있는 것 배움의 최고단계는 바로 새로운 것을 창조해 내는 것이다.

윈스턴 처칠(1874~1965)은 영국인이 가장 존경하는 정치가로 뽑힌다. 고등학교를 마칠 때까지 공부는 잘하지 못하였지만, 그는 하루 5시간씩 항상 책을 읽었다. 그것이 후에 영국의 총리가 되는 결정적인 계기가 된다. 결국『폭풍의 한가운데』,『나의 청춘기』,『제2차 세계대전』,『50년 후의 세계』등의 책을 쓰고 1953년 노벨문학상을 타게 된다. 2차 세계대전 중에 독일이 침략하자 "설사 우리 섬 전체 혹은 대부분이 정복되고 국민들이 기아에 시달린다 해도 우리는 결코 항복하지 않을 것이다"라는 연설로 영국을 하나로 뭉치게 하였다. 처칠이 즐겨 읽었던 책은 에드워드 기번의『로마제국 쇠망사』였다. 이 책을 반복하여 읽으며 역사의 도전에 대한 기틀을 잊지 않았던 것이다. 그는 놀라운 독서량으로 훌륭한 연설문과 책들을 많이 창조하게 되었다.

독서는 다른 사람, 다른 생각을 이해할 수 있는 능력을 키워 준다

배타적이면 공존할 수 없으며, 공존할 수 없으면 분쟁과 파멸만이 결과로 남는다. 종교와 이데올로기, 신념과 의지는 인간에게 인간 이상의 행동과 실천을 이끌어내지만, 공존할 수 없는 Idea는 결국 피와 죽음만을 낳게 된다는 것을 역사는 많은 예를 들어 보여주고 있다. 세상에는 서로 다른 문화와 개성을 가지고 있는 수많은 사람들이 살아가고 있다. 그 모든 사람들은 자신만의 신체적, 정신적 특성을 가지고, 각자의 취향과 생활양식 그리고 가치관을 가지고 살아가고 있다. 이러한 개성은 개인의 고유한 정체성을 구성하는 핵심적인 요소가 되고, 또 다양한 사고방식은 사회발전의 밑거름이 된다. 사고와 문화의 획일화는 새로운 것을 만들어 내지 못한다. 이러한 인간의 다양한 개성이나 고유한 정체성 등 '다양성'을 존중하지 않으면, 종교나 인종, 계층과 성별 등의 차이로 인하여 분쟁이 일어나게 된다. 사회적 약자나 소수자는 언제나 차별받게 되고, 나아가 집단 간 갈등이 고조되면 심각한 사회적 혼란을 만들어내기도 한다. 따라서 다양한 개인과 집단이 서로를 인정하고, 존중할 때 이질감과 적대감을 줄이고, 융합적이고 창의적인 문화를 만들어 낼 수 있는 것이다. 자신과 다른 사람의 생각을 이해할 수 있는 넓은 이해심과 다양성을 인정해 줄 수 있는 힘은 바로 많은 독서를 통하여 기를 수 있다.

독서의 치료능력

독서는 마음을 강하게 만든다. 독서는 자신이 무엇을 해야 하는지를 알려주고, 마음먹은 것을 하도록 하는 힘이 있다. 독서는 마음에 위안을 준다. 즉 상처 입은 마음을 치료하는 힘이 있는 것이다. 왜냐하면 독서는 정신을 강하게 만들어 주기 때문이다.

실제로 독서를 통한 치료는 고대부터 시작되었다. 테베의 도서관에는 '영혼을 치유하는 장소'라는 문구가 적혀 있고, 스위스에 있는 St. Gall의 중세 대수도원 도서관에는 '영혼을 위한 약 상자'라는 글이 새겨져 있다. 이는 책이 가지고 있는 교육과 치료의 힘을 고대에서부터 알고 있었다는 방증이다. 독서치료에 대한 연구는 미국에서 제2차 세계대전을 거치는 1940~50년대에 비약적으로 증가하게 된다. 이 시기에 약 400여 편이 넘는 독서치료에 관한 논문이 발표되고, 군인과 재향군인에게 치료가 주어지게 되었다. 독서는 자기 자신을 더 잘 알게 함으로써 자아존중감, 즉 자존감을 증가시켜주기 때문에 자신의 행동과 생각에 자신감을 불어 넣어준다. 또 독서를 통하여 주인공과 자신을 동일시하여, 주인공이 갈등과 문제를 해결하는 과정에서 카타르시스를 느끼며 심리적인 해방감을 충족하게 된다. 즉 자신의 경험을 되살리면서 억압된 감정을 해방시키는 정화작용을 경험할 수 있는 것이다.

예를 들면 자신이 불공정하고 불공평한 상황에 놓여 자신만이 힘든 세상에 존재한다고 생각할 때, 다른 사람들의 더 힘든 상황을 인식하게 되면 상대적으로 자신의 괴로움은 작은 것에 불과하다는 것에 위로를 받게 된다. 그리고 그 어려운 과정을 극복하는 힘을 얻게 되고, 긍정적인 마인드를 갖게 되는 것이다. 또 독서는 정신적 손상으로 인한 심리적 문제점을 치료할 수 있다. 부모로부터의 무관심이나 학대, 좌절감, 모욕감, 그리고 충분한 사랑을 받지 못한다는 감정으로 인해서 발생한 자아 비판적인 정신적 질환을 치료할 수 있고, 대화의 기술이나 자신을 사랑할 수 있도록 도와준다. 독서는 다른 사람의 행동을 폭넓게 이해하게 해주어 다른 사람과 만족스러운 관계로 증진시킬 수 있게 한다. 독서를 통하여 정서를 발달시킬 수 있고, 다른 사람에게 반응하는 방법과 능력을 향상시킬 수도 있다.

우울증은 슬픔, 자기 자신에 대한 낙심, 공허감, 자기 결점에 대한 심한 몰두로 절망감 등을 느끼는 것이다. 우울증은 다른 사람으로부터 자신을 고립시키고, 스스로를 무기력하게 만든다. 우리나라 중고생의 경우 11%가 자살 생각을 해본 경험이 있고, 이들 중 65%가 우울증 증세가 나타나는 것으로 연구결과가 나왔다. 자살은 일반적으로 관념화, 의도화, 행동화의 3단계를 거쳐 실현되게 되는데, 처음에는 자신의 출생과 환경에 대한 거부와 죽음 후에 일어날 일들을 생각해 보는 관념화 단계를 거치다가 구체적으로 자살을 결심하고 계획해 보는 의도화 단계, 그리고 실제로 자살을 감행하는 행동화 단계로 발전하게 된다. 이러한 단계에서 가장 필요한 것은 누군가와의 대화이다. 대화를 통하여 자신의 생각을 들어주고, 자신에게 올바른 길을 보여주는 사람이 필요하다. 이것을 책이 대신해 줄 수 있다. 책을 읽는 것은 사람을 만나는 것과 같다. 책을 쓴 저자와 시공(時空)

을 뛰어넘어 서로 대면하고 생각을 나누는 것이다. 책은 살아있는 육성(肉聲)이고, 영생하는 복음(福音)이다. 그래서 '책은 사람'인 것이다.

Reading is norishment

독서는 마음의 양식이다. 독서는 마음이 먹어야 하는 밥인 것이다. 육체가 음식을 섭취하지 못하면, 몸에 필요한 영양소와 에너지를 공급하지 못하여 힘이 없어지고, 영양결핍과 병이 생기고 만다. 마찬가지로 마음의 양식인 책을 읽지 않으면 이기적으로 되기 쉽고, 다른 사람에게 상처가 되는 말과 행동을 하기 쉬워진다. 책을 읽으면 지식이 생기고, 마음에 심력(心力)이 생긴다. 책을 읽으면 마음이 튼튼해지고, 삶을 즐겁게 살 수 있다. 사람이 좋은 음식을 먹으면 몸에 영양소를 공급하여 머리에서 윤이 나고, 피부가 고와지지만, 좋은 책을 읽으면 교양으로 나타난다. 어떤 글을 읽느냐에 따라서 그 사람이 풍기는 기질이 다르다. 사람이 일가(一家)를 이루기 위해서는 자기 철학이 있어야 한다. 자기가 하는 일을 더 낫게 하기 위해서 스스로 질문하고, 그것에 답을 찾으며 진일보(進一步)해야 한다. 그러다 보면 대가(大家)가 되고, 모든 사람들이 그 분야에 대하여 의문을 갖게 되면 당신을 찾게 될 것이다. 이로써 책이 준 지식은 마음의 양식도 되지만, 육체의 양식도 벌게 해 줄 것이다.

독서는 즐거움이다

책을 읽으면 재미를 느낀다. 그래서 책 읽는 재미를 가능한 한 빨리 깨닫는 것이 좋다. 독서에 중독되면 다른 어떤 쾌락보다도 우선순위에 있는 즐거움이란 것을 알게 된다. 그리하여 다른 가치 없는 일에 쉽게 시간을 허비하지 않게 된다. 책은 위대하다. 책은 사람의 생각을 키우고, 지배한다. 책은 그것을 읽는 사람을 긍정적으로 만들고, 또 부정적으로 만들 수도 있다. 긍정적인 생각은 인생을 즐겁게 만든다. 삶에서 중요한 것은 속도도, 결과도 아니다. 삶의 결과는 죽음일 뿐이다. 삶에서 가장 중요한 것은 바로 과정이다. 그 과정을 가장 올바르게 보내는 것이 바로 즐거움이다. 무엇을 하든 법과 도덕 안에서 다른 사람에게 피해를 주지 않고, 그것을 즐길 수만 있다면 그 삶은 올바른 삶을 살고 있는 것이다. 그런데 독서는 그 삶에서 즐거움을 찾게 할 수 있는 감각을 키워준다. 독서를 통하여 낙천적인 성격을 만들 수 있고, 인격과 인성을 후천적으로 충분히 발전시킬 수 있다. 위인이 가졌던 남다른 사상이나 생각을 공유하고, 공감함으로써 각자의 생각을 변화시킬 수 있기 때문이다. 사람들은 보고, 듣는 것에 대하여 사고하고, 그러한 생각이 내면화되면서 성격으로 형성되기 때문이다. 인격이 없는 지식은 화이트칼라 범죄를 양산하게 하고, 지식이 없는 인격은 그 사람이 원하는 뜻을 펼치지 못한다. 독서의 윤택함을 즐길 수 있는 능력을 키워라.

독서는 정신과 마음을 건강하게 하는 약이다

삶은 보통 고(苦)다. 그러한 일상생활을 벗어나 정신적인 안식처를 주는 곳이 바로 독서에 있다. 어떤 책을 읽느냐에 따라서 자신의 정신세계를 그곳에 둘 수 있다. 고전을 읽으면 수백 년, 수천 년 동안의 삶에 대한 고찰을 살펴볼 수 있다. 양서를 읽으면 마음이 순화되고, 즐거움을 느낄 수 있다. 현실의 고민을 잠시 미룰 수 있고, 때로는 그 고민의 해답을 찾기도 한다. 세상 대부분의 사람들은 비슷한 고민을 가지고 있고, 그 범주에서 크게 벗어나지 않는다. 대부분이 인간관계와 돈 문제이다. 덕이 있는 사람을 가까이하면, 인간관계 때문에 고민하는 일은 크게 줄어든다. 덕이 있는 사람은 자신의 이익 때문에 다른 사람을 배신하지 않고, 역지사지(易地思之)의 사고가 발달되어 다른 사람에게 상처 주는 말이나 행동을 잘 하지 않는다. 그들은 그렇게 스스로 훈련해왔기 때문이다. 덕이 있는 사람을 가까이하고, 또 스스로 그러한 사람이 되고, 금전적으로 먹고사는 문제가 해결된다면 삶을 훨씬 즐겁고 행복하게 살 수 있을 것이다.

독서는 문제의식과 비판의식을 키워준다

독서는 그 상황에 대한 문제를 찾아내고, 개선점을 만들 능력을 높여준다. 글에 포함되어 있는 다양한 사고는 사람의 생각을 유연하게 만든다. 사람은 처음에 누구나 자신의 일에 대하여 더 긍정적인 관점을 갖게 되는 편향적인 사고를 갖고 태어난다. 자기중심적사고(self-serving bias), 즉 자신과 관련된 일에 좀 더 긍정적인 관점을 갖게 된다. 예를 들면 자신이 산 주식이 오를 것이라는 기대나, 자신이 천국에 갈 확률이 다른 사람보다 많다는 것으로 긍정적 평가를 하는 것을 의미한다. 하지만 독서는 탈자아를 유도하고, 사고의 영역을 넓혀 나를 벗어나서 생각할 수 있는 힘을 준다. 나만의 영역이 아닌 사고의 영역을 넓힌다. 즉 독서는 생각을 더 자유롭게 해준다. 지식이 많아지면 그 넓이만큼 사고의 영역이 넓어지기 때문에 자유롭게 사고할 수 있는 범위가 넓어지는 것이다. 지식은 자석처럼 서로 끌어당기는 힘이 있고, 지식은 또 다른 지식을 낳고 연결된다. 그래서 지식이 많은 사람일수록 새로운 것에 호기심이 더 많고, 새로운 것들을 잘 받아들인다. 그래서 늘 호기심으로 가득 찬 눈으로 세상을 바라본다. 그래서 지식을 쌓는데 더욱 재미를 느끼는 것이다.

독서는 생각하는 힘을 기르게 한다

생각하는 힘이란 무언가 한 가지를 오랫동안 생각할 수 있게 만드는 힘이다. 오랫동안 생각할 수 있으면 어떠한 문제를 다양한 각도로 바라볼 수 있다. 문에 맞는 여러 개의 키를 하나씩 끼워보는 것처럼 잠재적인 생각 속에 그 문제가 언제나 존재하며, 일상생활을 하면서 생각나는 아이디어들을 하나씩 대입하다가 문득 그 문에 맞는 키를 찾아내곤 한다. 그러면 그 문을 열게 되고, 사고는 또 다른 문제를 찾아 다시 여행을 한다. 이것이 삶이다. 그렇게 책은 어제보다 더 나은 오늘을 맞이하게 하고, 우리를 끊임없이 생각하게 만든다.

책을 읽는다는 것은 자신의 삶에 하나의 인생을 더하는 것이다. 내가 살아가는 내 삶에 다른 사람의 시각을 얻는 것이고, 그의 시각으로 나의 삶을 한 번 더 바라볼 수 있는 기회를 얻는 것이다. 그러다 그 시각이 맞으면 나의 시각을 그것으로 대체하기도 하고, 세상을 바라보는 나의 시각을 더 좋게 만들기도 한다. 그래서 평생 책을 가까이하는 사람은 그에게 닥쳐오는 고비와 위기를 깊은 좌절에 머무르지 않게 하고 문제를 해결해 나간다. 인간은 독서를 통하여 타인을 이해하는 힘과 세상을 보는 눈을 키우고, 사고를 성숙시키고 다듬으며, 간접경험을 확대시켜 삶에 기준을 정립시킨다. 독서를 통하여 당신은 지적변화(知的變化)를 경험하게 될 것이다. 독서를 더 많이 하면 할수록 더 많은 것을 빠르게 인지하게 될 것이다. 우리의 눈이 문자를 인식하는 기회가 많아지면 많아질수록 뇌는 문자가 담고 있는 의미를 파악하는데 걸리는 시간은 점점 더 짧아지게 된다. 그래서 반복적으로 본 책들은 읽으면 읽을수록 빠르게 진도를 나갈 수 있다.

독서는 뇌를 훈련시킨다

독서에 숙련되어라. 독서는 분명 뇌를 진화하게 만든다. 독서로 뇌는 많은 훈련을 하게 된다. 독서에 훈련되어 있는 사람은 사고가 빠르게 전개되는 것을 볼 수 있다. 아무런 자극 없이는 뇌는 훈련되지 않는다. 다섯 가지 감각에 의하여 뇌는 훈련되지만, 그중에서 시각에 의한 훈련을 더 많이 시켜라. 시각이 가장 많은 정보를 처리할 수 있기 때문이다.

학문의 초점은 실용에 있다. 그 쓰임이 동떨어져 있다면 그 학문을 연마(研磨)하는 것에 있어서 각자에게 동기부여는 약해질 수밖에 없다. 즉 뛰는 가슴을 갖게 하기가 힘이 든다. 살아있는 동안 힘찬 가슴을 유지하고 싶다면, 필요한 것을 찾아야 한다. 고전이 지금까지 수천 년을 거쳐 읽히는 것은 바로 이러한 쓰임이 있었기 때문이다. 실제로 쓰일 수 있는 학문, 그렇지 못하면 그 학문은 죽어 있을 수 있다. '학문에 어찌 쓰임이 없을 수 있겠는가'라고 반문할 수도 있지만, 일단 자신에게 현재 그 필요성이 없다면 그 학문에 재미를 느끼기는 쉽지 않기 때문이다. 사람의 관심은 계속 바뀐다. 그 관심에 맞게, 필요한 학문을 선택하여 배울 수 있도록 한다면 놀라운 집중력과 배움에 대한 열의를 가지고 그 학문에 전념하는 자신을 보게 될 것이다.

독서는 성공한 사람의 생각과 행동을 벤치마킹하는 가장 좋은 방법이다

벤치마킹은 10등이 1등을 빠르게 따라잡을 수 있는 가장 좋은 방법이다. 하지만 더 많은 독서가 쌓이면 단순히 벤치마킹에서 끝나는 것이 아니고, 그 이상을 뛰어넘는 창의(創意)를 발산하게 될 것이다. 독서를 통하여 우리는 위인들의 성공과 실패의 경험을 배운다. 그리고 그들이 그러한 어려움을 어떻게 이겨냈는지 알 수가 있다. 이는 우리가 자신의 인생을 위에서 볼 수 있게 하는 조감도(鳥瞰圖)를 느낄 수 있게 한다. 우리의 삶을 한 발짝 뒤에서 볼 수 있다면 현실에서 겪는 고통을 잠시 이겨낼 수 있다.

일상생활은 제한되어 있다. 모두 경험을 통하여 배울 수는 없다. 우리는 책을 통하여 다른 사람의 경험을 알아야 한다. 그리고 그것을 나의 경험과 지식으로 만들어야 한다. 독서는 독서로 성공한 사람의 생각을 사색하게 만들어 주고, 그 사람의 지식과 지혜를 주고, 성공을 실현할 수 있는 목표와 힘을 제공해 준다. 또 그 저자처럼 영혼을 가꾸게 한다. 어떤 책을 보느냐에 따라서 바라보는 관점이 달라진다. 다양한 독서는 그만큼 다양한 관점을 갖게 되어 여러 방면으로 생각할 수 있게 된다. 책을 읽을수록 그 저자의 수 만큼 창의력과 상상력이 발달한다. 그리고 그 독서에 의하여 생성된 표현력을 기를 수 있어 다른 사람과의 커뮤니케이션을 잘할 수 있다.

국가의 경쟁력은 독서에서 나온다. 독서는 개개인을, 그리고 사회와 국가를 변화시키고, 실제로 선진국일수록 독서율이 높은 것으로 나온다. 우리나라가 선진국에 들어서지 못하는 이유가 낮은 독서율에 있다고 해도 과언은 아닐 것이다. 초등학교에서 고등학교 때까지 우리가 읽는 책이란 교과서와 문제집뿐이다. 이러니 책 읽는 습관이 생길 리 만무하다. 언뜻보면 독서는 먹고사는 것처럼 살아가는데 필수 요소는 아닌 것처럼 보인다. 책을 읽지 않아도 살 수 있으니 말이다. 하지만 책을 꾸준히 읽는 사람은 눈빛부터 다르다. 사람을 대하는 태도도 다르고, 삶에 임하는 태도 역시 보통사람과 다르다. 당장은 다른 사람과 크게 달라 보이지 않지만, 시간이 지날수록 책을 읽은 사람과 그렇지 않은 사람의 차이는 점점 멀어진다. 주위에 같이 인생을 살아가는 사람도 다르고, 삶에서 느끼는 만족감 역시 다르다. 책을 꾸준히 읽는 사람은 즐거움과 행복을 통하여 만족감을 느끼지만, 그렇지 않은 사람은 아무리 돈이 많아도 삶을 즐겁게 살기 힘들고, 언제나 불평과 후회스러운 삶을 살아가기 쉽다.

독서는 성공으로 가는 길이고, 범죄를 예방하는 도덕이다

독서는 스스로 생각하는 힘을 기르게 한다. 사람은 책을 읽어야 생각의 깊이가 깊어진다. 무언가를 혼자서 생각하기에는 한계가 있다. 견문(見聞)을 넓히는 것 중에 책만 한 것이 없다. 책에는 수천 년의 지혜가 녹아 있고, 살아 숨 쉰다. 책에는 장소를 뛰어넘는 문화가 있고, 이러한 것들은 우리를 상상하게 만든다. 독서는 잘못을 반성하게 하고 그 생각을 성숙하게 만든다. 생각의 능력에 따라서 사람은 스스로 능력의 크기를 정한다. 독서를 하면 생각에 날개를 다는 것과 같다. 모든 사람들은 경험에 의하여 관념이 고정되는 경향이 있다. 보통 사람들은 다른 사람의 반복된 행동과 지식에 의하여 원인과 결과를 한 가지로 매칭(matching)시키는 사고를 갖는데, 이러한 사고가 고정관념이 된다. 하지만 독서를 많이 하는 사람은 사고가 유연하여 옳지 않은 한 가지만을 고집하지 않는다.

미국 교육과학연구소는 2002년 '미국의 리더는 어떻게 만들어지는가'라는 프로젝트 연구를 진행하였다. 당시 미국 전 분야의 리더들 1,000명을 선정하여 초등학교 때 읽은 책을 조사하였는데, 그들이 읽은 평균 도서 권수는 500권, 주제별로는 위인전이 가장 많았다. 반대로 미국의 명예를 실추시킨 1,000명을 선정하여 같은 조사를 진행하였는데, 이들 대부분은 교도소에 수감 중인 범죄자들이었다. 이들이 초등학교 시절에 읽은 책은 평균 5권, 그리고 대부분 선정적이거나 폭력적인 내용들이 대부분이었다. '미국의 리더들은 어떻게 만들어졌는가' 프로젝트는 성장기 독서가 인생에 얼마나 커다란 영향을 주는지를 말해주는 실증적 자료이다. 위인전과 같은 수필서를 통해 자신의 정신세계를 벗어나 다른 생활방식, 다른 생각과 감정을 배우고, 삶의 목적과 방향을 찾을 수 있다. 정서와 인격도 함양된다. 그리고 그러한 책은 당위성(當爲性)을 가르쳐준다. 사람으로서 해야 할 일이 무엇인지를 알려주고, 그것이 옳다는 것을 알려준다. 이러한 수필서는 바람직한 정서와 올바른 가치관을 갖게 하는 것이다.

당신의 인생을 가장 짧은 시간에 가장 위대하게 바꿔줄 방법은 무엇인가?

만약 당신이 독서보다 더 좋은 방법을 알고 있다면 그 방법을 따르기 바란다.

그러나 인류가 현재까지 발견한 방법 가운데서만 찾는다면 당신은 결코 독서보다 더 좋은 방법을 찾을 수 없을 것이다.

－워렌 버핏

chapter 4
지식서와 수필서
(무엇을 읽을 것인가)

사람은 책을 읽음으로써 인생을 바꿀 수 있다. 주어진 조건과 환경에서 그저 반응하는 삶이 아닌, 책을 통하여 생각하고 주도하는 삶을 살 수 있는 것이다.

지식서와 수필서(무엇을 읽을 것인가)

덕이 없으면 위대할 수 없다.
덕은 다른 사람의 존경심을 불러 모은다.
-벤자민 플랭클린

Education the mind without educating the heart is
no education at all.
마음을 교육시키지 않고,
머리만 교육시키는 것은 교육이 아니다.
-아리스토텔레스

지식서와 수필서

그렇다면 어떤 책을 읽어야 할까? 책은 크게 지식서와 수필서로 나눌 수 있다. 지식(知識)을 쌓게 하는 책을 지식서(知識書)라고 정의한다면, 덕(德)을 키울 수 있는 책을 수필서(隨筆書)라고 한다. 지식서는 보통 우리가 학교에서 배우는 정보전달이 목적인 책으로 좌뇌의 발달을 책임을 지고, 수필서는 덕을 키우고 감성을 살찌우며 우뇌를 발달시킨다. 지식서는 당신을 해박하게 해줄 것이고, 수필서는 당신을 기쁘게 해주고, 힘이 들 때에는 위로해 줄 것이다. 지식서는 자신이 하는 분야의 전문성을 키워준다. 학생에는 학업을, 기술자에게는 기술을 가르쳐 주고 또 과학을 발달시켜준다. 수필서는 자신의 자아를 더욱 성숙하게 하고, 다른 사람과의 인간관계(人間關係)를 좋게 만들고, 경쟁력보다는 다른 사람과 협력하는 능력이 뛰어난 사람으로 만들어준다. 수필서는 마음을 기쁘게 해주고, 또 허한 마음을 채워준다. 영혼을 살찌우고, 마음을 넓게 해주고, 그릇을 키워주는 책이 바로 수필서다. 또 자기 자신을 사랑하게 하고, 자신을 존중하게 해준다. 자신을 사랑하는 사람만이 다른 사람을 사랑할 줄 아는 법이다. 이런 것들을 가능하게 해주는 책이 바로 수필서이다.

보통 책에 관심을 갖지 못한 사람들은 지식서만을 읽어 본 사람들이 많다. 지식서는 지식의 습득에는 좋지만, 쌀밥만 먹어서는 제대로 된 영양분을 섭취할 수 없는 것처럼 지식서만을 읽으면 독서에 흥미를 가질 수 없다. 정말 우리나라 교육에서 아쉬운 것이 있다면, 우리나라의 정규과정을 거친 대부분의 사람들은 지식서만을 경험하게 되어 결국 학교를 마치면 책을 접하지 않게 만든다. 독서에 훈련이 되지 않았을 뿐만 아니라, 독서의 참맛을 경험할 수 있는 시간을 갖지 못하기 때문이다. 하지만 수필서를 읽어본 사람은 손에서 책을 놓을 수 없게 된다. 수필서는 책을 평생의 친구로 만드는 힘이 있다.

남아프리카 출신의 엘론 머스크(Elon Musk, 1971년~)는 영화 아이언맨의 주인공인 토니 스타크의 실제 모델이다. 바람둥이에 억만장자, 그리고 천재 공학자로 알려져 있는 그는 어려서부터 전기공학자인 아버지의 영향을 받고 자랐다. 어려서부터 컴퓨터에 관심을 갖았던 그는 컴퓨터 프로그래밍을 독학으로 공부하고, 12세에 비디오 게임코

드를 만들어 팔기도 하였다. 17세에는 어머니의 고향인 캐나다로 이사를 한 후, 퀸즈대학교에 입학, 그 다음 미국 펜실베이아대학교로 편입하여 물리학과 경제학을 공부하게 된다. 그리고 스탠포드 대학원을 다니다가 ZIP2라는 인터넷 회사를 설립하기 위하여 그만두게 된다. 당시 그의 나이는 24세였다. 그리고 4년 후에 2,200만 달러에 컴퓨터 제조업체인 컴팩에 매각을 한다. 이후 페이팔을 설립하고 이베이에 15억 달러에 매각하게 된다.

그리고 그 이후 스페이스 엑스(Space X)와 테슬라 모터스, 솔라시티를 설립하였다. 스페이스 X는 세계 최초로 상업용 우주선인 '드레곤'의 발사를 성공시켰고, 테슬라 모터스는 한 번 충전으로 426km를 갈 수 있는 전기자동차 '모델 S'를 출시했다. 미국 자동차 역사상 1925년에 크라이슬러가 자동차로 성공한 마지막 벤처회사였는데, 다시 마지막을 테슬라로 마침표를 찍게 되었다. 또 태양광 회사인 솔라시티는 태양열로 전기를 생산하며 자연환경을 지켜내고 있고, 2013년 마찰이 없는 튜브안을 압력차를 이용해서 1,200km를 달릴 수 있는 하이퍼루프(Hyperloop)를 만들고 있다. 도대체 그는 이 상상하기 힘든 일들을 어떻게 현실로 가져오고 있는 것일까?

그는 "당신은 당신이 무엇을 모르는지 모른다. 당신은 책 속에 이모든 것이 있다는 것을 깨달아야 한다"고 말한다. 일찍이 혼자 독서를 통하여 IT에 깊이 있는 전문성을 키웠고, 폭넓은 독서를 통하여 다양한 지식을 쌓았다. 엘론 머스크는 10대 때부터 평균 하루에 두 권의 책을 읽었다. 부모님은 이혼을 하고, 학교에서는 왕따를 당하였다. 그가 할 수 있는 최선의 일이란 혼자서 책을 읽는 것이 전부라고 생각했다. 하지만 독서가 그를 놀랍게 변화시켰다. 하루 10시간씩 독서에 매진하고, 4학년 때에는 브리태니커 백과사전에 빠져 살았다. 사람을 일종의 컴퓨터라 생각했고, 학교에서 배우는 것은 '느린 속도의 다운로드'라고 여겨, 독서를 통하여 자신 스스로 지식을 터득하고, 연구했던 것이다. 그리고 스티브 잡스의 말처럼 지식의 '점과 점'을 연결시켜 새로움을 창조한 것이다. 그는 철저하게 지식서를 탐독하였다.

소프트뱅크의 손정의 회장은 1957년 8월에 사가현 도스시에서 재일 한국인 3세로 태어나게 된다. 1981년 9월 소프트뱅크를 설립하고 난 후 2년이 지난 1983년 B형 간염으로 3년간 병원에 입원하게 되었다. 당시 일본에서는 B형간염이 국민병으로 불릴 만큼 만연하였고, 완치율이 5% 미만이었다. 병원에 입원하게 된 그는 원격으로 경영하기 위하여 병원에 전화와 팩시밀리를 설치하고, 틈나는 대로 책을 읽기 시작하였는데, 병원에 있는 동안 약 4천 권의 책을 읽었다. 3년이 지난 1986년 손정의 회장이 복직한 이후 소프트뱅크는 비약적인 발전을 맞이하게 된다. 그리고 소프트뱅크는 무일푼에서 설립 후 30년이 된 2010년에 매출액 3조엔, 영업이익 5,000억 엔, 직원 수 2만 5,000명으로 일본 제일의 회사가 되었다. 어떻게 보면 손정의 회장이 아팠던 3년 동안 수필서와 지식서를 읽지 않았다면, 지금의 소프트뱅크가 있지 못했을 수도 있다.

투자의 귀재며 현재는 장학사업으로 남은 인생을 설계하는 박철상 씨(32세) 역시 다양한 책을 통하여 투자에 대한 혜안을 갖게 되었다고 한다. 대학 1학년 때 아르바이트를 통하여 벌게 된 1천5백만 원을 시작으로 군 제대를 하고 난 후에는 약 2억 원이 되었다. 그 2억 원을 다시 7년 정도 투자하여 31세가 되었을 때 4백억 원이 넘는 경이적인 수익률을 얻게 되었다. 지금은 모든 투자활동을 접고 노후 및 생활자금을 제외한 전 재산을 남은 50년 동안 전부 기부를 하겠다는 '기빙플레지(Giving pledge)'를 선언하였다. 그는 자신이 이러한 투자의 통찰력을 얻게 된 계기는 바로 독서라고 말한다. 어려서부터 경제와 금융, 정치와 역사 등에 관한 책을 연간 140~150권(1주당 3권 정도)을 읽는 습관이 시장을 읽는 눈을 갖게 된 원동력이라고 한다. 물론 그가 앞으로 그러한 약속을 이어갈지의 여부는 지켜보아야겠지만, 지금까지 해온 기부나 행동으로도 충분히 누군가의 존경심을 불러 일으킬만하다. 그리고 이런 위대한 기부를 하게 된 생각 역시 수필서의 영향이 아닐까 생각한다.

지식서는 머리를 채워주고, 수필서는 마음을 채워준다

책을 읽을 때에는 한 가지에만 치우치지 말고, 지식서와 수필서의 비율을 조절하며 책을 읽어 나가야 한다. 지식서는 머리를 차갑고 냉철하게 만들어 주지만, 수필서는 마음을 닦아주고, 가슴을 따뜻하게 만들어준다. 따뜻한 가슴은 다른 사람에게 베풀게 해주고, 자신의 삶을 즐겁고 행복하게 만들어 준다. 지식서만 읽다 보면 마음에

허함을 느끼게 된다. 그래서 지식서만을 읽다 보면 슬럼프에 빠지게 된다. 지식서는 실천에 관한 새로운 생각이나 의지를 만들지 못한다. 지식서는 지식의 딜리버리(delivery)에 중점을 두고 있지, 감성을 자극하고, 사람의 마음을 움직이게 하려고 쓰여진 것이 아니기 때문이다. 반대로 수필서만 읽다가 보면 자신이 키우고자 하는 능력을 쉽게 성장시키지 못한다. 수필서는 마음을 닦고 감동을 주어 행동하게 만드는 글이다. 실천 의지도 만들기는 하지만 어떤 분야에 많은 지식을 포함하고 있는 것은 아니어서, 마음을 선하게는 만들지만 지식을 쌓게는 만들지는 못한다. 따라서 본인의 상황에 따라서 그 비율을 조절하며 글을 읽어야 할 것이다.

다음의 글은 퇴계 이황의 글로써, 수필서를 읽었을 때의 마음을 나타내는 글이다.

> "공부하는 것은 거울을 닦는 것에 비유할 수 있다. 거울은 본래 밝은 것이지만 먼지와 때가 겹겹이 덮여있어 약을 묻혀 씻고 닦아야 한다. 처음에는 온 힘을 들여 닦아 내야만 한 겹의 때를 겨우 벗겨낼 수 있으니, 매우 힘든 일이다. 그러나 계속해서 두 번 세 번 닦는다면 힘이 점점 적게 들고, 거울도 점점 힘이 들이는 만큼 밝아질 것이다. 그러나 어려운 과정을 지나 쉽게 행할 수 있는 경지에 이르는 사람은 참으로 드물다."9)

---

9) 김건우, 권성희, 『너희는 공부가 즐겁지 않느냐?』 도원미디어, 2004

필자의 경우에는 지식서와 수필서의 비율을 8대2에서 2대8까지 변화시키며 책을 읽는다. 준비하는 시험이나 자격증이 있다면 지식서의 비율을 높이고, 일상생활에서 힘든 일이 있거나 마음이 무거워지는 일을 겪고 나면 수필서의 비중을 높인다. 수필서는 마음을 가볍게 하고, 인생 전체를 바라보게 하며, 현재의 역경을 발진을 위한 도약으로 바라보게 하는 놀라운 힘을 가지고 있다. 그래서 필자는 항상 다음에 읽어야 할 수필서를 미리 나의 서재에 쟁여 놓는 습관을 갖고 있다. 그리고 틈나는 대로 매일매일 수필서를 읽는 것이 20년 넘게 슬럼프 없이 나의 삶을 활기차고, 즐겁게 보내게 만든 결정적인 이유가 되지 않았나 생각한다.

지식서는 정보와 통찰력을, 수필서는 지혜와 즐거움을 준다

주희는 『대학』에서 '사물을 탐구하여 자신의 앎을 확장시키는 격물치지(格物致知)'를 처음으로 해야 할 공부라고 하였다. 통찰력(通察力)은 어느 분야에 많은 지식을 쌓았을 때 생기는 것이다. 그것의 과거와 현재를 알아 다음 차례인 미래를 유추할 수 있는 능력이 바로 통찰력인 것이다. 그것은 그 분야에 대하여 충분히 학습하고 연구해야만 생기는 것들이다. 수필서는 인격을 도야시키고, 즐거움을 주며 마음을 닦아준다. 인격이 높은 사람은 인격이 높은 사람을 알아볼 수 있는 식견(識見)을 얻게 되고, 인생을 살아가는 방법을 알게 된다. 인격이 높은 사람은 주위에 올바른 사람들이 머물고, 그들과 좋은 인간관계를 형성하게 된다. 이들은 서로에게 가르침을 주고, 서로에게 배우며, 서로 함께하며 즐거움을 느낀다.

수필서는 심장을 뛰게 하며 인생을 단기적인 시야가 아닌, 장기적으로 보게 해준다. 지금의 어려움은 순간에 해당하고 장기적으로는 약이 될 것이라고 알려주는 것이 바로 수필서인 것이다. 수필서 중에 자서전이나 위인전 등 전기를 읽으면 자신의 어려움이 별것 아닌 것을 알게 된다. 그래도 이 정도는 해야 이정도 위인이 될 수 있는 것을 위인을 통하여 직접 들을 수 있기 때문이다. 이런 전기는 심장을 뛰게 해주는 강한 내적 동기부여를 해준다.

지속적이고, 본격적인 독서습관을 갖고 싶다면, 먼저 수필서를 읽어라. 수필서는 저자의 가치관이 녹아 있다. 가치관은 저자의 생각이고, 그의 삶의 태도이다. 그의 가치관을 통하여 우리는 새로운 눈을 뜨게 된다. 수필서는 자기 마음을 수련하게 해주고, 독서의 가치를 가르쳐준다. 지식서는 두뇌에 Data를 입력하는 행위이면, 수필서는 삶을 성찰(省察)하고, 반성하게 해준다. 대표적인 수필서로 고전을 들 수 있다. 고전은 숱한 세월의 억겁을 이겨내고, 현재까지 전해오는 생명력을 지니고 있다. 이는 그만한 가치가 있었기 때문에 수많은 사람들이 그 책의 생명을 지킨 것이다.

지식서는 점점 빠르게 변한다

피터 드러커는 『프로페셔널의 조건』에서 "지식은 빨리 변한다. 오늘은 확실했던 것이 내일에 가서는 어리석은 것이 되어버리는 것이야 말로 지식의 본질이다. 새로운 조직사회에서 어떤 한 분야의 전문지식을 가지고 있는 지식은 4년 내지 5년마다 새로운 지식을 습득해야한다. 그렇지 않으면 소유하고 있는 지식이 모두 진부한 것이 되어버려서 시대에 뒤떨어진 사람이 되고 만다."고 하여 지식의 속성을 알려준다. 과학기술의 변화에 따라서 지식 역시 같은 속도로 변하고 있다. 이것이 끊임없이 지식서를 읽어야 하는 이유이다. 지식서를 읽은만큼 그것은 당신에게 전문성을 키워줄 것이다.

지식은 인생의 많은 부분에서 작용을 하지만, 가장 큰 것 중에 하나가 바로 직업에 미치는 영향일 것이다. 직업은 자신과 가족의 생계를 위하여 필요한 수단이다. 자신이 좋아하고, 적성에 맞는 직업이면 가장 좋은 것일 것이고, 그것을 떠나서도 자신이 하는 일에 대하여 많은 지식을 가지고 있어야 한다. 이를 위해서는 관련 분야의 지식을 꾸준히 갖춰야 한다. 자신이 속해 있는 회사가 모든 것을 가르쳐 주지는 않는다. 그리고 회사 역시 그러한 직원보다 자신이 어떤 지식이 필요한지 알고, 스스로 학습하는 직원을 선호한다. 그리고 그러한 직원에게 좀 더 많은 결정권과 직급을 부여한다. 자신이 지금 하고 있는 일에 관하여 전문성은 바로 지식서를 얼마나 접하느냐에 따라 결정된다.

하지만 지식서만을 접하는 것은 위험하다. 제2차 세계대전을 일으키고, 수백만의 유대인을 학살한 히틀러(Adolf Hitler, 1889~1945)는 어려서부터 매일 밤 1권 이상의 책을 읽은 독서광이었다. 하지만 그가 읽은 책은 군인 출신답게 대부분 군사와 관련된 책이었고, 그 다음이 예술과 심령에 관한 책이었다고 한다. 자신의 분야와 관련된 지식서만을 읽다 보면, 시야가 좁아지고 맹목적이 되어 버린다. 그리고 다른 사람을 생각하지 못하게 된다.

수필서는 덕을 길러 준다

덕이 있는 사람이 되려면 수필서를 많이 읽어야 한다. 그리고 수필서를 많이 읽어 본 사람은 손에서 책을 놓지 못한다. 수필서에는 중독되는 힘이 있기 때문이다. 지식서는 보통 사실적인 정보전달을 목표로 하기 때문에 딱딱한 느낌이 들지만, 수필서는 감정과 정서를 다루기 때문에 재미를 준다. 우리나라 전통의 독서가 바로 이런 덕을 키우는 독서, 즉 수신(修身)하는 독서였다. 지식서가 지식을 전달해 주는 것이면, 수필서는 감성과 의지를 키워주는 독서이다.

수필서를 많이 읽으면 어려움이 닥쳤을 때 그 위기를 극복할 수 있는 인내심과 끈기를 기를 수 있다. 수필서에는 놀라운 긍정의 힘이 있다. 위인들의 자서전은 그들이 그렇게 놀라운 일을 이룩할 때까지 경험했던 어려운 일이나 난관(難關)을 어떻게 이겨냈는지, 그래서 현재 자신이 겪고 있는 힘든 일을 어떻게 이겨낼 수 있을지 아이디어와 격려를 얻을 수 있게 해준다. 수필서는 다른 말로 인문학을 의미하고, 그 종류로는 고전, 심리학, 자서전, 종교 서적 등 가치와 신념을 다루는 글들이다.

1900년 초까지 시카고대학은 명문과는 거리가 먼 삼류대학이었다. 1929년 로버트 허친스 총장이 부임하면서, 새로운 학칙을 발표하였는데, 무조건 100권의 인문고전을 읽어야 졸업할 수 있는 '시카고플랜'을 발표하였다. 그 후로 1929년부터 현재까지 노벨상 수상자만 85명을 배출시켰고, 2012년 시카고대학은 미국 전체대학의 수 4,495개 중에서 명문대학 5위에 랭크되게 된다. 수필서는 신념을 만들고, 신념은 마음을 강하게 만든다. 즉 심력(心力)을 강하게 한다. 심력이 강한 자는 본인이 옳다고 생각하는 일에 쉽게 뜻을 굽히지 않는다. 아무리 어려운 상황이 닥쳐도 그 뜻을 끝까지 관철(貫徹)시킨다. 100여 권의 수필서를 읽은 시카고 학생들은 자신이 정한 공부와 진로를 어떠한 역경 속에서도 이어갈 수 있게 된 것이다. 마음의 습관이 바로 신념이 되고, 삶의 원칙이 된다. 그리고 평생 당신의 마음을 움직이고, 당신의 행동을 지배하게 된 것이다. 시카고 대학이 학생들에게 이런 수필서를 많이 읽게 하여 변하게 한 이유가 자신의 일을 끝까지 밀고 나가는 신념, 즉 심력을 강하게 만들기 위한 것에 있다.

수필서는 마음이 먹는 세 끼, 마음이 먹어야 할 필수영양분이다. 마음이 수필서를 먹지 않으면, 즉 마음이 배가 고파지면 외로움과 우울증이 생기고, 잘못된 쾌락을 찾게 되고, 그것은 실수가 되고, 범죄가 되며, 주위 사람들과 다툼과 분쟁을 만들게 된다. 인간의 행복은 의식주 같은 기본욕의 충족에서 시작되고, 인간관계 같은 인격과 정신에서 완성되게 된다. 부처가 얘기한 것처럼 삶은 고통에 가깝다. 인생을 살다 보면 수많은 좌절과 고통을 겪는다. 이것은 누구나 마찬가지다. 하지만 모든 것은 지나간다. 누구에게나 힘든 시절을 거치고 나면 한껏 성숙해 있는 자신을 발견하게 된다. 그렇다면 이러한 역경을 어떻게 이겨낼 수 있을까? 역경이 크고, 그것에 대하여 조언을 해줄 수 있는 멘토가 없다면, 대부분의 사람들은 감정적이고 극단적으로 대처하게 된다. 하지만 거센 파도처럼 다가오는 역경을 이겨내고, 다음에 다가올 도전에 응할 준비를 하는 것, 이것이 바로 올바른 삶의 자세가 아닐 수 없다. 이러한 자세를 견지하기 위해서는 수필서를 통하여 심력을 길러야 한다.

심력이 강한 사람은 스트레스에 대처할 수 있는 방법을 알고, 곧 그 고통이 끝날 것이라는 것을 안다. 그래서 위기와 고통이 닥치면 자신에 대한 긍정적인 생각으로 자신을 보호할 수 있다. 그리고 그 역경을 거치고 나면, 더욱 강한 면역력을 갖게 된다. 심력이 강한 사람은 자신을 사랑한다. 자신을 사랑하지 않는 사람은 그 누구도 사랑할 수 없다. 그래서 자신을 사랑하고, 자신을 신뢰한다. 자신감이 있고, 언제나 당당하다. 자신이 소중한 만큼 다른 사람의 소중함을 알고, 다른 사람을 존중해준다. 그리고 그 사람과의 관계를 좋게 유지하기 위해서 덕을 베풀고 칭찬을 아끼지 않고, 항상 자신의 단점이나 약점을 찾아 스스로 그것을 고치려고 노력한다.

심력이 강한 사람은 고난이 닥쳤을 때 그것을 이겨낼 수 있는 방법과 희망을 찾는 사람이다. 그렇다고 해서 비판이나 위험을 무시하는 것은 아니다. 충분히 검토하고 1%의 가능성을 찾아서 노력하고 사고한다. 심력이 강하면 삶을 긍정적으로 살고, 고통과 실패에 현명하게 대응할 수 있고, 삶에 활기가 넘치며, 모험심과 창의력을 소유하며 산다. 모든 사람의 마음에는 이러한 역경을 극복하고, 앞으로 나아가며, 낙관할 수 있는 심력을 키워야 한다.

올바른 심력을 키우려면 수필서를 많이 읽어야 한다. 다른 사람들은 어떻게 그 어려운 상황을 이겨냈는지 그 지혜를 배우고, 그 사람의 성격과 인격을 배워볼 필요가 있다. 그리고 그것을 닮으려고 노력하고, 자신의 것으로 만든다면 스스로 자존감과 자부심을 가질 수 있게 된다. 또 스스로 칭찬을 자주 해줘야 한다. 힘든 상황이 오면 자신에게 30분에서 길게는 2시간 정도 스스로 칭찬을 해보아라. 스스로 정말 즐겁고 희망을 주며, 낙관하는 힘을 얻을 수 있다. 이는 일종의 자기실현적 예언(self-fulling prophecy)이다. 스스로 긍정의 최면에 걸리게 하는 것인데 스스로 자애감을 높이는 좋은 방법이다. 자신에게 생각을 이끌게 하는 오감을 통제해라. 자신에게 올바르고, 좋은 것들을 보여주고 들려주고 맛보게 해라. 이렇게 자신의 오감을 통제하고 선별해서 낙관론자가 되어라. 낙관론자가 되기에는 많은 노력이 필요하다. 수필서를 읽어 삶을 바르게 이해하고, 자기 예언을 통하여 다짐과 칭찬을 하고, 옳고 그른 것을 분별하여 바른 것을 믿고, 그 믿음을 강하게 하여 신념으로 만들면 당신은 강력한 심력을 소유할 수 있다.

심력이 강한 사람은 자신의 감정과 충동을 조절하는 능력이 잘 발달되어 있다. 즉 지나치게 화를 내거나 충동적이지 않고, 경솔하지도 않다. 반대로 배려심이 많고, 자신의 감정을 표출하는 데도 능숙하다. 그리고 자신의 삶과 일에 열정이 많다. 이것을 감성 지능(Emotional Intelligence)라고 하는데, 감성 지능은 자신의 감정을 잘 이해하고, 다른 사람에게 미치는 영향을 인지하는 능력이다. 그래서 대화를 잘 이끌어 가고, 갈등을 잘 처리하며, 삶을 긍정적으로 대한다.

수필서에는 생명이 있다. 어떤 글을 읽느냐에 따라서 자신에게 감정을 만들어 주고 깨달음을 준다. 수필서는 덕을 쌓게 해주고, 만족하는 마음을 만들어 준다. 덕이 모자라면 부정적으로 변하거나, 비관적인 사람이 되어 항상 불평과 불만의 말들을 늘어놓게 된다. 이러한 사람들은 긍정적인 인간관계를 이어갈 수 없다. 반사회적이고, 도움을 받기만 하려는 사람의 주위에는 좋은 사람들이 모여들 수는 없다. 이런 사람들은 우선 마음의 변화가 필요하다. 수필서를 읽어 마음과 생각을 바꿔야 한다. 좋은 인간관계는 이익의 득과 실로 맺는 것보다, 마음에서 인격적 교류를 통하여 이루어지는 것이 오래가고 튼튼하다. 사람의 성격은 수필서를 통하여 바꿀 수 있다. 수필서를 읽으며 스스로 성찰하려는 사람들은 자신의 잘못된 마음을 끊임없이 수정하고, 다른 사람에게서 항상 장점을 배우려고 한다. 이렇게 함으로써 그들의 마음은 성인이 되어 가는 것이다.

수필서는 마음을 즐겁게 하고, 힘든 일이 생기면 위로해 주고 견디게 해준다

몸에 병이 생기면 치료를 해야 하듯이, 마음에 상처를 받는 일이 생기면 위로를 받아야 한다. 위로는 마음을 치료해 주는 약이다. 수필서는 삶에서 받은 상처를 치료해주고 심력을 길러준다. 힘든 일을 참고 견디게 해주고, 다음번에 비슷한 일을 겪게 되면 면역력을 길러준다. 우리나라는 평균 하루에 40명이 자살을 한다고 한다. 말 그대로 '헬조선'이라는 말이 생겨날 정도다. 경제는 기울어지고, 일자리는 찾기 힘들고, 인심은 팍팍해져 간다. 아무리 노력하여도 삶에 희망을 찾기 힘들어진다고 한다. 이런 현실 속에서 웬만한 심력을 가지고 있지 못하면 그 힘듦에 굴복하고 만다. 그래서 고통보다 죽음을 택하고 만다. 수필서는 삶을 장기적인 안목으로 보게 하고, 세상을 한발 떨어져서 보게 하는 힘이 있다. 지금의 고통은 잠시뿐이라는 시각을 갖게 하고, 삶을 장기적인 관점에서 보게 만든다. 고통을 눈앞에 두고 바라보면, 삶은 모두 고통처럼 보이지만, 멀리서 바라보면 그저 지나가는 순간처럼 여길 수 있다.

마크 트웨인(Mark Twain, 1835~910)의 소설『허클베리 핀의 모험』은 열네 살 백인 소년의 모험담을 그린 책이다. 더글러스 부인에게 입양되어 살다가 주인공 핀이 많은 돈을 벌었다는 소문을 듣게 된 아버지에게 유괴되어 갇혀 살다가 술에 만취한 아버지의 폭력에 위협을 느끼고 도망을 가다 탈주 흑인 노예인 짐을 만나 함께 미시시피 강을 따라서 도망을 가는 길에 생기는 일들을 기록한 내용이다. 어니스트 헤밍웨이는 "미국의 모든 현대 문학은 마크 트웨인이 쓴 『허클베리 핀의 모험』이라는 책에서 비롯되었다"고 표현할 정도로 전통적인 사고에 도전하는 미국의 프론티어 정신을 나타냈고, 반어법과 해학을 통하여 당시 미국의 가장 심각하고 예민한 인종 차별이라는 사회문제를 유머로 풍자한 것에 대한 높임이었다. 이 소설의 배경이 된 미시시피주(State of Mississippi)는 미국 남부에 소재하고, 미국의 목화지대의 중심지이며, 흑인 비율도 미국에서 가장 높은 주이다. 영화 〈타임 투 킬(A time to kill)〉이나 〈미시시피 버닝(Mississippi Burning)〉 같은 사건이 유명한 것처럼 이곳은 흑인에 대한 인종차별이 심한 곳으로도 유명하다.

1954년 1월 29일, 그런 미시시피주에서 오프라 윈프리는 한 사생아로 태어났다. 그의 환경은 위에 나오는 영화처럼 너무나 절망적이었다. 우리나라로 치면 초등학교를 다니는 아홉 살에 오프라 윈프리는 사촌에게 성폭행을 당하게 된다. 14세에 미혼모가 되지만, 그녀의 아기는 곧 죽음을 맞이한다. 집안이 너무 가난하여 가족이 모두 흩어져 말벗이 되거나, 마음을 다독여주는 사람이 없었다. 그녀의 마음에는 온갖 절망과 비극만이 존재하였고, 내일을 생각하는 희망은 찾아보기 힘들었다. 이런 비극적인 삶에서 오프라 윈프리는 미국 내 2,200만 명에 세계 105개국에 방영되는 토크쇼의 여왕이 되고, 미국인들이 가장 좋아하는 TV 방송인이 되고, 흑인 여성으로는 처음으로 10억 달러 이상의 부자와 하포 주식회사의 회장이 되었다. 또 가난한 사람에게는 먼저 지식을 쌓아야 한다고 생각하여 남아프리카 공화국에 학교를 설립하고, 도서관과 교육기관에 기부를 함으로써 연예계 인사 중 기부를 가장 많이 하는 사람이 되었다. 이렇게 가장 낮은 곳에서 가장 존경받는 사람이 될 수 있었던 결정적인 계기는 무엇이었을까?

오프라 윈프리는 가출을 하고, 청소년 감호소에 수감되었는데, 생모가 그녀의 인수를 포기하게 된다. 그래서 아버지인 버논이 키우게 되었다. 버논과 새엄마 젤마는 오프라 윈프리에게 많은 책을 사주고, 많은 단어를 외우게 하고, 독후감을 쓰게 하였다. 그녀는 자신이 이렇게 비극적인 삶에서 꿈같은 삶으로 전환할 수 있었던 것은 바로 독서라고 말한다. 이발사로 일하시는 아버지의 지갑에 몰래 3달러를 훔치다 걸린 그녀는 아버지와 일주일에 책 한 권을 읽기로 약속한 후 자신의 사고와 인생을 변화시켰다. 독서가 생각을 바꾸게 하고, 그녀에게 희망으로 통하는 문을 제공하게 한 것이다. 환경에 의하여 강하게 지배받던 그녀의 어린 시절을 독서를 통하여 극복하고, 개척하며 살았던 것이다. 그녀는 책 즉, 수필서에서 정신적 성숙을 가져왔고, 의지와 목표, 그리고 긍정적인 사고방식으로의 사고 습관을 가지게 되었던 것이다. 이것이 그녀를 토크쇼에서 번뜩이는 재치와 유머 있는 사람으로 만들게 되었고, 그녀의 아픈 경험은 고통 속에 있는 다른 사람의 심정을 이해하고, 힘을 줄 수 있는 사람으로 변화하게 만든 것이다.

출연자가 강간당한 슬픔을 얘기하면, 그녀는 "나도 그랬다"라며 자신의 경험을 얘기해 주면서 '라포'10)를 형성한다. "나의 성공은 실패

---

10) Rapport, 특수 교육학에서 쓰는 용어로 상담이나 교육시 신뢰와 친근감을 이루기 위하여 타인의 감정, 사고, 경험을 이해할 수 있는 공감대를 말한다.

덕분에 형성됐다"고 말한 윈프리의 말처럼, 그녀의 아픈 경험이 다른 사람의 마음을 공감하는데 많은 도움이 된 것이다. 흑인으로서 태어나 겪은 인종차별과 가난함, 그리고 학대라는 어린 시절의 비극을 독서로 치유하며, 그 환경을 뛰어넘고 위대한 삶으로 스스로를 만든 사람인 것이다.

자신의 삶을 바른 방향으로 리드 하려면, 리더로서의 판단력과 능력을 갖춰야 한다. 오프라 윈프리는 우리에게 정말 많은 교훈을 준다. 좌절과 실패를 극복해 주는 방법을 가르쳐 주고, 또 많은 사람을 그곳에서 벗어나게 도와주고 있다.

수필서는 사람의 생각을 긍정적으로 만든다

수필서는 자신의 힘든 상황을 이겨낼 수 있는 긍정적인 힘을 준다. 위인들의 자서전이나 위인전을 보면 누구 하나 쉽게 얻은 성공이 없다. 그들은 어려운 상황을 극복하고, 그 상황에서도 꾸준히 자신의 일을 이어갔다. 그리고 그러한 상황을 긍정적으로 받아들이며 자신의 일을 이어 갔다.

매사를 부정적으로 보는 사람은 정신이 건강하지 못하여 결국 불행한 삶에 디디르고 만다. 부정적인 생각을 하는 사람은 주위에 사람이 모이지 않는다. 또 친구가 생긴다고 하여도 그러한 비슷한 사람이 모이게 된다. 그들은 서로 모여 더 큰 부정적인 시너지를 만든다. 결국 현실을 부정하거나, 사회에 문제를 제공하고, 좋지 않은 결과를 산출한다. 성공과 실패는 작은 것처럼 보이는 '의식의 차이'에서 판가름 난다. 긍정적인 사고로 목표에 대한 집념을 갖고, 끊임없이 동기를 부여하며 실행에 옮긴다면, 걸음걸이는 가볍고, 목소리는 자신감을 실어 우렁차게 나오게 될 것이다. 한 번 이루어지지 않은 일을 실패로 여기고 포기하면, 그 일은 영영 이루어질 수 없다. 하지만 실패를 과정으로 여기고, 그 실패를 분석하여 다시 도전한다면 결국 이루고 말게 된다. 실패는 누구에게나 겪는 과정이다. 그리고 실패는 모든 사람에게 꼭 필요하다. 왜냐하면 실패는 사람을 겸손하게 만들기 때문이다. 매번 성공만을 겪는 사람은 자만심으로 가득 차게 된다. 그리고 자신 이외의 사람을 무시하거나 이기적 성향을 갖기 쉽다. 그리고 이러한 실패한 일을 다시 한 번 재도전하기 위해서는 긍정적인 생각을 갖춰야 한다. 스스로 재도전할 동기를 만들고, 힘을 불어넣을 수 있는 사람만이 넘어진 그 자리에서 다시 일어설 수 있기 때문이다.

인간관계는 반응(react)이다. 내가 상대방에게 어떤 말과 행동, 그리고 표정을 주느냐에 따라서 상대방이 어떻게 반응하느냐가 인간관계인 것이다. 그러니 물질이든, 조언이든 좋은 감정을 담아주려고 노력한다면 상대방과 좋은 인간관계를 맺을 수 있는 것이다. 같은 의미의 말일지라고 좋은 표현은 천 냥 빚을 갚을 수 있다. 자신만의 이익을 위하여 생각하고, 행동하는 사람을 이기주의자(利己主義者, egoist)라고 한다. 이기주의자는 인간관계가 협소하다. 다른 사람과의 관계가 철저히 자신에게 이득을 주는 경우에만 그 관계를 맺기 때문에 다른 사람이 어려움에 처해 있어도 자신에게 도움이 되지 않는다면, 도움을 주지 않는다. 즉 그는 덕이 없는 사람이다. 그는 자신이 어려움에 처해 있을 경우에도 도움을 받지 못하며, 사람들과의 관계가 좋지 못하니 삶에서 즐거움을 찾기란 쉽지 않다. 그의 인간관계는 정이나 덕이 아닌, 철저한 자신의 이익으로 맺어지게 된다. 이보다 좀 더 덕이 큰 사람은 가족과 친척, 친구와 함께 교류하며 아픔과 즐거움을 함께 나누며 산다. 그리고 이보다 더 크고 훌륭한 덕을 갖춘 사람은 사회와 국가, 더는 범인류를 위하여 살고, 또 그러한 희생에서 행복과 즐거움을 얻는다. 덕이 많은 사람일수록 다른 사람에게 미치는 긍정적인 영향력은 더욱 커지게 되는 것이다.

동기부여는 격려이다. 자신에게 동기부여를 할 수 있는 사람은 꾸준함을 갖고 있다. 스스로 그것을 계속하여 행할 수 있게 만드는 에너지를 자급할 수 있는 힘이 있는 것이다. 동기부여에는 즐거움이 있어야 한다. 자신이 그것에 즐거움을 느낄 수 있어야 한다. 그러기 위해서는 그 자신이 어떤 분야에 많은 지식을 쌓아야 할 뿐만 아니라, 연구도 해야 하고, 그 분야의 많은 사람들과 교류를 이어가야 한다.

덕은 다른 사람을 대하는 것뿐만 아니라, 내가 내 자신을 다루고, 다른 사람이 나를 대하는 것과 같다. 맹자는 "창랑의 물이 맑으면 갓끈을 씻고, 창랑의 물이 흐리면 나의 발을 씻는다(滄浪之水淸兮可以濯吾纓, 창랑지수청혜가이탁오영)" 즉, 나의 인격만큼 다른 사람이 나를 대한다는 말을 하였다. 왜냐하면 내가 가지고 있는 인격만큼 다른 사람을 대하기 때문이다. 대부분의 사건이나 사고는 인과관계를 가지고 있다. 사람을 대하는 일 역시 자신이 가지고 있는 인격으로 대하고, 그 인간관계 역시 인격에서 나오기 때문인 것이다. 그리고 그것은 자신을 대하는 것이기도 한 것이다. 이러한 올바른 인격수양을 위해서 수필서를 가까이하는 것이 필요하다.

우리는 이런 커다란 긍정적인 영향력을 가진 사람이 되어야 한다. 긍정적인 영향력을 가진 사람은 많은 사람이 신뢰를 한다. 그 사람이 내뱉은 말은 많은 사람들의 생각과 행동에 영감과 변화를 주고, 그의 말과 행동은 누군가의 신념이 되어 삶의 지침으로 작용한다. 또 행동의 모티브가 된다. 우리는 이런 사람을 위인(偉人, 또는 리더)이라고 부르고, 우리는 모두 위인이 되도록 노력을 해야 한다. 덕이 있는 사람은 덕이 있는 사람을 쉽게 알아본다. 그리고 그들은 서로 그 인연을 두텁게 이어가려고 노력을 한다.

율곡 이이는 1536년(중종 31년) 12월 26일 외가가 있는 강원도 강릉에서 태어났다. 율곡은 여섯 살이 될 때까지 외가에 살다가 서울 본가로 올라가게 되었다. 신사임당은 율곡의 성장기에 가장 큰 영향을 끼치게 되었는데, 그 결과 8세 때 신동으로 소문이 나게 되었고, 13세에는 진사 초시에 합격하게 되었다. 율곡이 16세가 되었을 때 율곡에게 특별했던 사임당은 별세(別世)를 하게 된다. 어머니 신사임당이 돌아가시고 삶에 회의를 느낀 이이는 3년상을 치르고 19세가 되는 해에 금강산에 들어가 불교에 귀의(歸依)를 하게 된다. 금강산에서 불교를 공부하다 성리학으로 시야를 옮기게 되는데, 성리학의 심오한 형이상학에 빠져 성리학을 공부하기 위하여 1년 만에 하산을 한다. 그 후 22세에 성주목사인 노경린의 딸과 결혼을 하게 된다. 다음 해인 23세에 장인이 있는 성주에 들렀다가 강릉으로 가는 길에 멀지 않은 곳인 도산에 들러 성리학의 대가인 이황을 찾아간다. 이때 처음으로 이황과 이이의 만남이 이루어지는데, 이황은 자신보다 35세나 연하인 이이와 성리학을 토론하고 이이의 학문적 깊이와 덕에 놀라워한다. 이이 역시 그의 덕을 알아보고 그 자리에서 이황을 스승으로 모실 것을 다짐한다. 이황은 제자 조목(趙穆)에게 보내는 편지에 '후생가외(後生可畏)'라는 표현을 쓰며 이이와의 만남에 다음과 같은 감흥을 느끼게 된다.

"일전에 한양에 사는 이이가 성산에서부터 찾아왔는데, 비가 와서 사흘을 머물다 갔다. 그의 사람됨은 명랑하고 상쾌하며, 지식과 견문이 많았고, 자못 우리 학문에 뜻을 두고 있었다. '후생이 가외라'고 한 옛 성인의 말이 참으로 나를 속이지 않았다. 일찍이 그가 사장(詞章)을 너무 숭상한다는 말을 들었기에, 그것을 억제하려고 시를 짓지 말라고 했다. 그러나 떠나던 날 아침에 마침 눈이 내려서 시험 삼아 시를 읊어보라고 했더니, 길 떠나기 전에 말에 기대어 글을 짓듯이 재빨리 몇 수를 지었다. 시는 그 사람만 못하였으나, 역시 볼 만하였다."11)

이렇게 그들은 첫 만남에서 서로를 알아보며 감탄을 잇지 못하였다. 그 뒤로도 이황과 이이는 편지를 주고받으며 학문을 토론하고, 친분을 나누었다. 본인이 덕을 쌓고, 또 덕이 있는 사람과 교제를 하

---

11) 김태완, 『경연, 왕의 공부』, 역사비평사, 2011

게 되면, 어려움에 처해있을 때 서로 도움을 주고받을 수 있기 때문에 덕이 있는 사람을 가까이한다면 즐거운 삶을 살 수 있다. 또 덕이 있는 사람은 덕에 대한 혜안이 있어 덕이 있는 사람을 구별할 수 있고, 그러한 사람과 인간관계 즉 교제를 이어가려고 노력해야 한다. 덕이 있는 사람은 상대방의 입장을 고려할 줄 알고, 시로에게 상처 주는 말과 행동을 줄이고, 자신이 아는 사람이 어려움에 처해 있을 때 도움을 주는 사람이기 때문이다.

행복은 감정이다. 사람이 행복을 느끼는 부분은 우뇌가 담당을 하는데, 그 원인의 85%가 인간관계(Human relations)라고 한다. 즉 대부분 즐거움과 괴로움은 사람들과의 관계에서 시작이 된다는 것이다. 즉 지가 뛰어난 것보다 감정을 다룰 수 있는, 덕이 뛰어난 사람이 더 행복할 확률이 높은 것이다. 이런 덕이 뛰어난 사람이 될 수 있는 중요한 근거는 수필서에 있다. 수필서는 마음가짐과 인간관계와 관련된 책이다. 인간관계는 감정을 주고받는 상호작용이다. 즉 좋은 인간관계를 맺는 사람이 되기 위해서는 다른 사람의 마음을 헤아릴 줄 알아야 하는 것이다.

같은 공동체 속에 있는 사람들은 항상 영향을 주고받는다. 그 사회가 굶주리고, 제대로 된 교육을 받지 않는다면 그 사회에는 많은 범죄가 발생되고, 그 공동체에 범주하고 있는 사람들은 모두 두려움에 떨 수밖에 없다. 이것이 법이 필요한 부분이다. 열심히 사는데도 빚만 남는 사회가 아닌, 노력하면 굶주리지 않을 수 있는 사회가 되어야 한다. 덕이 많으면 많은 범죄로부터 피할 수 있다. 덕이 많은 사회는 서로에게 원망을 사지 않는다. 서로에게 마음으로 베풀 수 있고, 항상 여유가 있다. 쉽게 화내지 않고, 무언가를 빨리 얻으려고 하는 것보다 정도를 걸어 노력한 만큼만 얻으려고 한다. 덕은 강함(剛)과 부드러움(柔)을 모두 갖추고 생활에 맞게 조화롭게 실천할 수 있는 자신만의 행동원칙을 길러준다.

살아있는 한 우리에게 세상은 끊임없는 극복의 대상이다. 우리는 계속 새로운 문제를 맞닥뜨리게 될 것이고, 그것을 극복해 가면서 우리에게 깨달음과 향상을 줄 것이다. 고통과 함께 말이다. 시련은 삶의 필수 과목이고, 그것은 계속되어야 한다. 하지만 그것을 해결하는 힘도 같이 부여받는다. 바로 긍정의 힘이다. 낙천적인 사람은 최악의 경우에 부딪혀도 극복할 수 있다고 믿고, 불평거리가 생겨도 미소로 지워버린다.

긍정적인 사람은 자신의 삶을 사랑한다. 자신의 인생을, 그리고 자신의 삶을 아끼고 존중하며, 자신의 건강을 돌보고 자신의 몸과 정신을 맑고 깨끗하게 유지하려고 끊임없이 노력한다. 역경은 극복하는 사람을 강하게 만든다. 그리고 그것을 현명하게 극복하는 사람은 긍정적인 사람뿐이다.

무엇이든 항상 감사하는 마음은 생각을 긍정적으로 만들어 준다. 슬픔과 비극에서도 장점을 찾아 준다. 그러한 당신의 생각은 반복되어지고, 의지가 되어 당신의 신념이 되고 또, 신념은 당신의 무의식을 조정하고, 당신의 그 무의식은 당신의 습관을 지배하게 될 것이다. 할 수 있는 한 무의식을 당신의 신념으로 가득 채워라. 그것은 당신이 잠자리에 들 때도, 길을 걸을 때에도 밥을 먹을 때에도 당신의 의지를 지배할 것이다. 감사를 생각하고 표현하는 것은 어떤 일에 긍정적인 면을 보는 것이다. 그것의 좋은 점을 발견하여 감사함을 생각하고 말하는 것이기 때문에 평소에 감사한 표현을 자주 하는 습관을 갖는 것도 긍정적인 사고를 갖게 하는 좋은 방법이다. 생각은 인간의 몸에 영향을 미친다. 걱정을 많이 하거나, 스트레스를 많이 받는 사람의 머리카락이 흰색으로 변한다거나, 몸에 병이 생기는 이유도 생각에서 유발된 병이다. 항상 긍정적이고 즐겁게 생각할 수 있다면, 그 사람은 천국에 사는 것이다.

사람의 기억은 뇌의 신경세포 돌기 말단에 있는 시냅스에 저장이된다. 하나의 정보가 하나의 시냅스에 저장되는 것이 아니라, 여러 시냅스에 정보가 조금씩 나뉘어 저장되다가, 기억을 활성화할 때 시냅스 간 정보를 주고받아 기억한 정보를 활성화하는 것이다. 이때 한가지 정보를 반복적으로 뇌에 제공하게 되면, 뇌의 시냅스와 시냅스간 신호전달 속도가 빨라진다. 즉 무언가를 반복하여 생각하면 할수록 우리가 동일한 동작을 반복하면 관련된 근육이 발달하는 것처럼, 생각 역시 습관적으로 그것을 쉽게 생각하게 된다. 부정적인 생각을 자주 반복적으로 하다 보면, 그것에 길들여져 습관적으로 부정적인 생각을 하기 쉬워지는 것이다.

그리고 감정은 전이된다. 같이 있는 사람이 웃고, 즐거워하면 같이 즐거워지고 불평과 불만으로 가득 차면 그 사고 역시 전이되고, 닮아가게 된다. 더구나 스트레스를 받으면 '코르티솔'이라는 호르몬이 분비되는데, 이는 면역력을 낮춰 혈압이나 심장병에 걸릴 확률을 높인다고 한다.

살다 보면 이런 부정적인 상황을 맞이하거나, 부정적인 생각을 하지 않을 수 없는데 이를 해소하기 좋은 방법으로는 수필서를 읽거나, 자신과 맞는 덕이 있는 사람과 함께 위로하며 살거나 혼자 있는 시간을 갖고 혼잣말로 긍정적인 표현으로 자신을 위로하고, 글로 적어 그것의 장점과 감사함을 찾는 것이 좋다. 화를 내지 않으며 살 수는 없겠지만, 그것이 자주 반복될수록 스스로를 망치는 것과 같다.

수필서는 실패를 극복할 수 있는 힘을 준다

수필서를 많이 읽으면 어려움이 닥쳤을 때 그 위기를 극복할 수 있는 인내심과 끈기를 기를 수 있다. 수필서에는 실패에 맞설 수 있는 놀라운 긍정의 힘이 있다. 수필서는 사람에게 낙관적인 시각을 갖게 하여 장애물에 넘어져도 다시 그것을 뛰어넘게 한다. 그리고 의지력을 강하게 만들고, 열정을 마음에 가득 채워준다. 장기적인 안목을 갖게 하여 단기적인 실패를 하나의 과정으로 생각하게 만든다. 실패를 견뎌내면 우리는 더욱 강해지고, 현명해진다. 실패는 성공으로 가는 징검다리이다. 도전에는 실패를 내포하고 있다. 그래서 도전은 힘든 것이다. 끊임없이 도전하는 사람은 강인하다. 실패는 상처를 주기 때문에 계속 도전하는 사람은 스스로 그 상처를 치유해야 한다. 모든 위대함은 그만큼의 대가를 지불해야 얻을 수 있다. 자신의 한계 상황을 자주 마주치며 조금씩 그 범위를 넓혀가야 한다. 역경을 이겨내면 재능과 성품이 단련된다. 실패는 자만심을 없애주고, 겸손한 마음을 만들어 준다. 똑같은 실수와 실패가 반복되지만 않는다면 실패와 실수를 관용적으로 대해 주어야 한다.

사람은 누구나 살면서 실패를 경험하게 된다. 왜냐하면 삶은 누구에게나 도전이고, 오늘은 모든 사람에게 처음 경험하는 새로움이기 때문이다. 실패는 부끄러운 것이 절대 아니다. 실패를 하는 사람은 살아 있는 사람이고, 도전하는 삶을 살아가고 있는 사람이다. 미국 역사에서 가장 존경받는 대통령으로 뽑히는 링컨(Abraham Lincoln, 1809~1865)은 그중에서 더 많은 도전과 실패를 경험한 사람이다. 그의 아버지인 토마스 링컨은 가난한 농부였고, 그의 어머니 행크스 링컨은 미혼모의 딸로 태어나 주위의 손가락질을 받으며 어린 시절을 보내야 했다. 또 둘 다 글을 읽지 못하였다.

링컨은 아주 커다란 27번의 실패를 겪었다. 9세에 어머니가 돌아가시고, 15세에 집을 잃었고, 24세에는 사업에 실패를 해서 17년간이나 빚 독촉을 받고 이를 갚아야 했다. 24세에 주 의회 선거에서 낙선을 했고, 26세에 약혼자가 백혈병으로 사망하기도 했다. 28세에 신경쇠약과 정신분열증에 걸려 정신병원에 입원을 했고, 35세, 36세, 40세, 47세 50세 등 도전했던 많은 국회의원 선거에서 패했다. 하지만 그는 그러한 실패로 포기하거나, 스스로를 버리지 않았다. "난 낙선했다는 이야기를 듣고 곧바로 음식점에 달려갔다. 그리고 배가 부를 정도로 많이 먹었다. 그다음 이발소로 가서 머리를 곱게 다듬고 기름도 듬뿍 발랐다. 그러면 아무도 나를 실패한 사람으로 보지 않을 것이다. 왜냐하면 난 이제 곧바로 또 시작을 했으니까. 배가 든든

하고 머리가 단정하니 걸음걸이가 곧을 것이고, 목소리는 힘이 찰 것이다. 그리고 스스로 다짐한다. 다시 힘을 내자. 에이브럼 링컨."이라고 스스로 외쳤다.

52세가 되던 해에 미국의 16대 대통령에 당선이 되었고, 다시 재선에 성공하게 된다. 그의 실패는 그를 더욱 단련하는 담금질이 되어 그를 더욱 강한 사람으로 만든 것이다. 누군가 링컨에게 당신이 이룬 위대한 성공의 비결은 무엇이냐고 물으니 그는 "누구보다 실패를 많이 한 것이 성공을 이룬 비결입니다. 전 실패를 할 때마다 실패에 담긴 뜻을 배웠고 그것을 징검다리로 활용했습니다."라고 말했다. 그가 분열된 미국을 하나의 연방정부로 만들고, 노예를 해방하는 등 위대한 사람이 될 수 있었던 이유는 바로 그의 독서력이었다. 링컨의 아버지는 가난한 개척민으로 너무 가난하여 링컨을 학교에 보낼 수 없었다. 링컨이 9세가 되었을 때 어머니가 세상을 떠나고 그의 아버지는 새엄마인 사라와 재혼을 하게 된다. 새엄마는 글을 읽고 쓸 줄 알았고, 링컨을 예뻐해 그녀에게 많은 독서의 영향을 받게 되었다. 링컨은 『천로역정』, 『로빈슨 크루소』 등을 암기할 정도로 자주 읽었고, 『벤저민 플랭클린의 자서전』이나 『워싱턴의 전기』에 많은 영향을 받아 그들을 마음속의 영웅으로 삼았다. 16킬로미터나 떨어진 어느 변호사의 집에까지 찾아가 책을 읽으며 변호사가 되겠다는 꿈을 가져 마침내 독학으로 28세 때 변호사 자격증을 획득하게 되었다. 셰익스피어의 희곡이나 역사서 등 어린 시절부터 읽어온 그의 책들은 그가 맞닥뜨리는 실패를 이겨낼 수 있는 삶의 지침이 되었다.

장자는 "도란 큰길과 같으니 어찌 알기가 어렵겠는가? 사람들이 그

것을 구하지 않는 것이 병일뿐이다. 하늘이 장차 큰일을 그 사람에게
맡기려 할 때는 반드시 먼저 그의 마음을 괴롭히고, 그 몸을 지치게
하고, 그 육체를 굶주리게 하고, 그 생활을 곤궁하게 해서 그가 하고
자 하는 일을 흔들어 어지럽게 한다. 그것은 그들의 마음을 움직여
서 그 성질을 참게 하여, 하늘의 사명을 능히 감당할 만하도록 그 기
개와 역량을 키워주기 위함이다. 사람은 언제나 과오를 저지른 뒤에
야 고칠 수 있으니, 마음에 곤란을 당하며 생각대로 잘 안 된 뒤에야
분발하고, 얼굴빛에 떠오르고 음성에 나타난 뒤에야 깨닫게 된다. 안
으로 법도가 없는 집안과, 밖으로 적국과 외환이 없으면 그런 나라
는 언제나 망한다. 그래서 우환 속에서도 살아나고, 안락한 가운데
도 망한다는 것을 알게 되는 것이다."라고 하였다.

道若大路然 豈難知哉 人病不求耳(도약대로연 기난지재 인병불구이)

天將降大任於是人也(천장강대임어시인야)

必先苦其心志(필선고 기심지)

勞其筋骨 餓其體膚 空乏其身(노기근골 아기체부 공핍기신)

行拂亂其所爲(행불란기소위)

所以動心忍性(소이동심인성)

曾益其所不能(증인기소불능)

人恒過然後能改(인항과연후능개)

困於心 衡於慮而後作(곤어심 형어려이후작)

徵於色 發於聲而後喻(징어색 발어성이후유)

入則無法家拂士 出則無敵國外患者 國恒亡(입즉무법가필사 출즉무적
국외환자 국항망)

然後 知生於憂患而 死於安樂也(연후 지생어우환이 사어안락야)

실패를 두려워하지 마라. 아니 실패를 행해라. 그리고 그것을 이겨내는 방법을 연구해라. 한 번의 실패 경험으로 한 번 더 현명해 질 수 있다. 많은 실패를 경험하고, 그 실패를 분석하고 반성해 보아라. 당신이 충분히 실패하여 더 이상 실패할 것이 없어지면, 당신은 그 분야에서 최고의 1인이 되어 있을 것이다.

커다란 실패를 경험하고, 곤란을 겪어본 사람이 다른 사람의 마음을 헤아릴 줄 알고, 겸손한 법이다. 또 그런 사람만이 많은 사람을 위하여 큰일을 할 수 있다. 그래서 어려서 어려움을 겪어본 사람들이 나이 들어서 커다란 실패를 잘 하지 않는다. 실패란 삶의 일부분이고, 필연적인 요소이다. 실패는 자신만이 하는 것이 아니다. 또 다른 사람의 실패를 너무 무시하거나, 안타깝게 생각하지 않아도 된다. 모든 사람은 실패를 통하여 성장해 나간다. 다만 똑같은 실패나 실수를 반복하느냐 그렇지 않느냐가 관건이다. 똑같은 실수를 반복하는 것은 반성이 모자라서 생기는 것이다. 한 번의 실수를 충분히 반성하여 같은 실수를 반복하지 말아야 하고, 반성을 통하여 더 나은 사람으로 발전하여야 한다. 똑같은 실수를 반복하는 것은 더 나아짐 없이 제자리에 머무르는 것과 같다.

실수에 대한 주도적인 해결방법은 그것을 즉시 인정하고 수정해서, 그로부터 교훈을 얻는 것이다. 이렇게 하는 것은 실패를 성공으로 바꾼다. 성공은 실패의 다른 한 편에 있다. 그러나 실수를 인정하지 않고, 그것을 고치지 않고, 또 그것으로부터 교훈을 얻으려 성공한 사람들의 공통점은 어떠한 고난에도 자신의 길을 걸었다는 것이다. 그리고 그렇게 하기 위해서는 긍정적인 태도를 유지해야 한다는 것이고, 자신의 환경과 처지를 최대한 자신에게 유리하게 변형했다는 것이다. 그들에게는 그러한 위대한 사고의 전환능력을 가졌다. 이것이 성공한 사람과 실패한 인생을 산 사람의 차이점이 된다. 실패한 사람은 자신의 문제를 회피하는 경향이 많고, 성공한 사람은 그 문제를 인정하고, 그것의 해결책을 끊임없이 찾아 나서는 경향이 있다. 실패한 사람들의 공통점은 자신에게 생긴 문제점을 자기만 겪는다고 생각하고, 자신의 삶과 조건을 불평하고, 자신에게 이러한 주어진 환경을 증오하며 스스로를 더욱더 깊은 수렁으로 빠트리는 작업을 한다. 모든 사람은 동일한 출발선에 서지는 않는다. 어떤 이의 인생에는 전쟁을 주어지고, 어떤 사람에게는 이혼한 부모님을 선사한다. 하지만 그러한 환경이 주어진다고 모두를 실패한 인생으로 몰고 가는 것은 아니다. 자신에게 주어진 조건에서 어떠한 선택을 하는지, 어떠한 노력과 길을 갈지는 온전히 개개인에게 준다. 즉 모든 사람은 주어진 환경보다 스스로 선택할 수 있는 결정권을 더 많이 부여받게 된다. 바로 오늘은 어제의 내가 만든 자신의 내일인 것이다.

수필서는 다양성을 인정하도록 가르쳐준다

다양성이란 나만 옳다는 것이 아니라, 다른 사람의 생각이나 기준을 인정하는 것이다. 다른 사람의 생각을 인정하기 위해서는 열린 마음으로 다른 사람의 이야기를 많이 들어봐야 한다. 하나만 알면 하나가 전부인지 알지만, 많이 알면 자기가 알고 있는 것 이외에 다른 것이 있지 않을까 생각해 보게 된다. 그래서 내가 아닌 다른 사람의 생각을 인정하게 되는 것이다. 수필서를 읽음으로써 우리는 심리학자가 될 수 있다. 수필서를 읽어서 내 마음 뿐만 아니라 다른 사람의 마음을 알 수 있기 때문이다. 자신을 더 잘 알 수 있게 되고, 나를 통하여 상대방을 알 수 있다. 모든 사람은 태어나면서 어떠한 지식이나 능력을 가지고 태어나지 않는다. 우리 모두는 이러한 지식과 능력을 후천적인 노력을 통하여 익히고, 발전시키는 것이다. 독서 역시 선천적인 능력이 아니다. 처음에는 단어의 의미를 쉽고, 빠르게 이해하지 못하기 때문에 읽는 속도를 낼 수 없다. 하지만 그것이 익숙해지기 시작하면서 우리의 읽는 속도는 빨라지고 재미를 느끼게 된다. 수필서는 공감능력을 키워준다. 이는 같은 생활권에 있는 가족이나 동료들과 좋은 관계를 가질 수 있는 소통능력을 키워준다. 또 수필서는 인생의 지도를 그려준다. 삶을 어떻게 살아가야 하는지 방향을 가르쳐주고, 자신의 시간을 어디에 투자해야 하는지 알려준다.

전대권력은 절대적으로 멸망하게 되어 있다. 인간은 스스로 완전하지 못하기 때문이다. 모든 권력은 그것을 견제할 수 있는 반대의 권력이 필요하고, 이런 견제를 통하여 균형을 유지해야 한쪽으로 치우치거나 모자란 부분을 채울 수 있고, 잘못된 방향으로 나아가는 것을 고쳐줄 수 있다. 각자 자신의 삶에도 무언가 스스로 견제하고, 깨우쳐 주는 힘이 필요하다. 스스로 매일 반성하여 잘못한 부분이 있으면 고치고, 사과와 용서를 통하여 갈등을 해결해야 즐겁게 살아가는 공동체 삶을 영위할 수 있는 것이다. 이런 스스로 반성하며 각자를 돌아보게 할 수 있는 것이 바로 수필서이다. 그래서 항상 곁에 두고 자신의 삶을 경계하고, 수신할 수 있는 책이 필요하다.

수필서는 반성하게 한다

반성은 자신의 약점을 고쳐주고, 강점을 강하게 해준다. 반성은 자신의 자아를 수련하게 하고, 실수를 반복하게 하지 않는다. 스스로를 통제할 수 있게 하고, 분노하지 않게 한다. 사서라 불리는『논어』,『맹자』,『대학』,『중용』은 자기반성과 수양을 통하여 인격을 갖춰야 하는 이유와 방법 등을 기록한 책이다. 수필서는 수신(修身)하여 다른 사람과의 관계를 부드럽게 유지할 수 있는 해준다.

사람은 책을 읽음으로써 인생을 바꿀 수 있다. 주어진 조건과 환경에서 그저 반응하는 삶이 아닌, 책을 통하여 생각하고 주도하는 삶을 살 수 있는 것이다. 수필서를 읽는 것은 정신을 단련하고, 혼을 불어 넣어주는 작업이다. 매일 수필서를 접하는 사람의 얼굴빛은 온화하지만 눈에는 빛이 있다. 사람을 여유롭게 대하여 다른 사람에게 너그럽다. 항상 즐거움을 느끼고, 아이디어가 넘치고, 응용력도 뛰어나다. 아이디어나 생각들을 접목시켜 새로운 아이디어를 만들어내는 것을 좋아하고 익숙하며, 언제나 배우는 것을 즐겨한다. 또 다방면에 관심을 가져 여러 관점에서 사물과 사건을 바라보게 되어, 다양한 관점을 갖게 되니 나와 다른 생각을 이해하는 다양성을 인정하게 된다.

반성은 스스로의 삶을 깨끗하게 만드는 작업이다. 이 정도면 되겠지, 남들은 모를 거야 하는 안일한 사고방식은 스스로 화를 만드는 생각이다. "계란은 스스로 깨면 병아리가 되지만 누군가에 의해서 깨지면 후라이가 될 뿐이다"라는 말처럼, 스스로 반성을 통하여 사고의 틀을 깨고 철저한 자기검열을 거치지 않으면 후에 누군가에 의해서 그 사고가 깨지게 되어 곤란함을 겪게 된다.

무엇이든 반복되면 무뎌지는 법이다. 죄를 느끼는 양심도 마찬가지다. 자기검열이 철저한 사람은 양심의 감각이 예민하다. 자신의 말과 행동이 누군가에게 해가 되지 않았나를 살피며 살아간다. 스스로 검열이 강한 자는 상대방이 그것을 갖췄는지 알아볼 수 있다. 그들에게는 그것에 대한 감각이 발달되어 있기 때문이다. 죄는 스스로 덮으려 한다고 하여 덮어지지 않는 법이다. 상대방의 용서에 의해서만 지울 수 있을 뿐이다. 죄를 덮으려 하다가는 다른 죄를 지을 뿐이다. 재발 방지를 위해서는 무엇보다 먼저 자신의 철저한 반성을 거쳐야 한다. 물은 항상 높은 곳에서 낮은 곳으로 흐르려는 성질을 가지고 있는 것처럼, 스스로를 낮추려 한다면 존경심을 얻을 수 있다. 스스로 높이고 자만하는 사람에게는 많은 사람이 존경심을 주지 않는다. 스스로 높이는 사람은 다른 사람에 의하여 낮춰지게 될 뿐이다.

수필서를 읽으면 성격을 바꿀 수 있다

사람들은 성격은 바꿀 수 없다고 말한다. 하지만 수필서를 통하여 성격도 바꿀 수가 있다. 전기나 심리학을 통하여 좋은 성격이 무엇인지를 스스로 깨닫게 되면서 독서가는 성격을 바꿀 수 있게 된다. 수필서로 위인들의 생각과 사고를 배울 수 있다. 우리는 그들의 어려운 상황을 간접경험 할 수도 있고, 그들의 대처방식을 간접경험을 할 수도 있게 된다. 또 다른 사람의 성격을 이해하는 폭을 넓게 해준다. 수필서는 다른 사람과의 커뮤니케이션 능력을 길러줘 어떻게 자신의 생각과 마음을 표현해야 하는지를 알게 되고, 끊임없이 자기를 성찰하게 하고, 융화와 균형 잡힌 인간관계를 만들어 합리적인 공동체를 만들게 해준다. 수필서는 각자에게 필요한 것을 일깨워준다. 부자에게는 겸손과 베풀 것을 가르쳐주고, 가난한 사람에게는 성실과 노력을 일깨워준다.

하루라도 글을 읽지 않으면 입에서 거친 말, 남에게 상처 주는 말,

비방하는 말, 가시 같은 말(一日不讀書 口中生荊棘, 일일부독서 구중생형극)12)을 하게 된다. 일상생활에만 초점을 맞춰 살게 되면, 마음과 정신이 혼탁해지고 이익과 손실에만 민감해지고, 인생을 단기적으로 눈앞에 놓인 것만 보게 되는데, 수필서를 읽음으로써 그러한 마음을 닦고, 정신을 깨끗하게 유지할 수 있다는 의미를 내포하고 있다. 생각이란 일단 머리를 가득 채우는 상황을 생각하고, 고민하게 되어 있다. 현재 눈앞에서 이루어지는 상황에 초점을 맞추게 되고, 일상이 고되면 그저 입에서 험한 말밖에 나오지 않는다. 이는 다른 사람과의 관계를 나쁘게 만들고, 삶을 불행하게 만든다. 하지만 수필서를 가까이하여 마음을 닦으면, 정신이 순화되고 마음을 편하게 유지할 수 있다.

수필서는 강한 신념을 갖게 한다

백범 김구(1876~1949)선생은 독립운동가로서 뿐만 아니라 교육문화운동가로서 계몽과 구국운동을 펼쳐 건국에 큰 역할을 담당하였다. 백범이란 가장 미천하고 무식한 사람들도 자신과 같은 애국심을 가진 사람이 되게 하자는 뜻에서 백정(白丁)의 백(白)과 범부(凡夫)의 범(凡)자를 따서 38세 때 옥중에서 호를 백범(白凡)이라 지었다. 그는

---

12) 안중근 의사(1879~1910)의 말씀.

인재양성을 위해 건국실천원양성소를 설립하여 건국에 필요한 800여 명의 인재를 양성하였고, 국민대학교, 단국대학교, 성균관대학교 등 많은 대학설립에 영향을 미쳤다. 백범이 살았던 시대는 구한말부터 근대로 넘어가는 시대로 말 그대로 격변의 시기였다. 백범은 12세가 되던 1887년 아버지에게 글공부를 하게 해달라고 간청하면서 글을 배우게 된다. 이는 집안 어른이 갓을 쓰다가 망신을 당하여 양반이 되기로 결심하였기 때문이다. 백범일지에는 다음과 같이 기록되어 있다.

> "나는 신분차별의 심각성을 깨닫고 이를 극복하는 방법은 오직 과거에 합격하여 진사(進士)가 되는 것이며 그러하기 위해서는 과거에 급제하는 길밖에 없음을 알게 되었다. 이리하여 1887년 12세부터 양반들이 다니는 서당에는 가기 어려워 아버지의 묘안(妙案)으로 나의 집에서 직접 서당을 만들어 청수리(清水里)에 사는 양반 이(李) 생원을 모셔다가 집에서 글방을 차려 글을 배우게 되었다. 이 시기에 나는 양반에 의하여 차별 받는 상민들을 보면서 배움에 대한 동기가 매우 강했기 때문에 서당에서 글을 배울 때에는 누구보다도 먼저 배워 다른 동무들에게 가르쳐 주곤 하였다."

하지만 과거시험에 매관매직의 타락상을 보고 서당공부를 그만두고, 아버지가 사다 준 『마의상서』라는 관상책을 공부하게 된다. 그 책을 읽은 후 자신의 관상이 좋지 않은 것을 알지만, 책 내용 중에 "相好不如身好 身好不如心好(상호불여신호 신호불여심호, 얼굴 좋음이 몸 좋음만 못하고, 몸 좋음이 마음 좋음만 못하다)"라는 구절에 감명을 받아, 좋은 마음을 가지면 관상이 좋은 것보다 낫고, 태어나면서 받아들여진 운명을 좋은 쪽으로 바꿀 수 있다고 믿으며 『지가서(地家書)』와 『도가사상』, 『육도삼략』 등 다양한 책들을 읽기 시작하였다.

마음 좋은 사람이 되기를 목표로 삼은 백범은 어떻게 하면 좋은 마음을 가질 수 있을까를 고민하다가 인내천(사람이 곧 하느님이다, 즉 사람을 하늘처럼 섬기다)사상과 평등사상을 가지고 있는 동학에 매료되게 된다. 이후 동학운동이 실패한 후 백범이 20세가 되었을 때 안중근 의사의 아버지인 안태훈의 도움을 받아 고능선(高能善)을 스승으로 삼고, 유학과 위정척사 등 구국의 방법을 공부하고 연구하게 된다. 21세 때는 명성황후의 원수를 갚기 위해 일본 육군중위 쓰치다를 살해한 후 감옥에 갇히게 된다. 사형이 확정되었고, 탈옥하며 공주 마곡사에 승려가 되고, 안창호 등과 신민회를 조직하기도 한다. 또 교육사업에 열중하기도 하고, 만주무관학교를 설립하고, 안명근 사건으로 체포되어 혹독한 고문을 받고, 그 유명한 서대문 형무소에 갇히기도 한다. 그는 대한민국의 독립과 민족을 위하여 평생을 헌신하였다. 딸과 아들의 죽음을 지켜보면서까지 모든 비극을 딛고 그렇게 할 수 있었던 신념은 어디에서 온 것일까? 백범은 『논어』, 『맹자』, 『대학(大學)』, 『중용』, 『세계역사(世界歷史)』, 『태서신사(泰西新史)』, 『통감』, 『사략』 등 다양하고 많은 수필서를 읽었다. 백범은 그의 호 그대로 평범한 범부였는데 독서를 통하여 세상을 바라보는 눈을 키웠고, 결국은 우리나라의 위대한 위인이 되었다. 『사략』의 말처럼 왕후장상의 씨앗이 따로 있는 것이 아니라 독서를 통해서 사고를 높이는 길이 왕후장상이 될 수 있는 길이다. 그의 독서는 독립을 향한 의지를 강하게 만들고, 그의 신념을 더 굳게 만들었다.

> 내가 이 책을 발행하는 데 동의한 것은 내가 잘난 사람으로서가 아니라 못난 한 사람이 민족의 한 분자로 살아간 기록으로서이다. '백범'이라는 내 호가 이것을 의미한다. 내가 만일 민족 독립운동에 조금이라도 공헌한 것이 있다면, 그만한 것은 대한사람이라면 누구나 할 수 있는 것이다. 나는 우리 젊은 남녀들 속에서 참으로 크고 훌륭한 애국자와 엄청나게 빛나는 일을 하는 큰 인물이 쏟아져 나오기를 믿는다. 동시에 그보다도 더 간절히 바라는 것은 저마다 이 나라를 제 나라로 알고 평생 이 나라를 위하여 있는 힘을 다하는 것이니, 나는 이러한 뜻을 가진 동포에게 이 '범인의 자서전'을 보내는 것이다.
>
> —「백범 출간사」 중에서[13]

> 네 소원(所願)이 무엇이냐 하고 하느님이 내게 물으시면, 나는 서슴지 않고 "내 소원은 대한독립(大韓獨立)이오."하고 대답할 것이다. 그 다음 소원은 무엇이냐 하면, 나는 또 "우리나라의 독립이오." 할 것이요, 또 그다음 소원이 무엇이냐 하는 세 번째 물음에도, 나는 더욱 소리를 높여서 "나의 소원은 우리나라 대한의 완전한 자주독립(自主獨立)이오." 하고 대답할 것이다.

> 동포(同胞) 여러분! 나 김구의 소원은 이것 하나밖에는 없다. 내

---

13) 김구, 도진순 주해, 『백범일지』, 돌베개, 2005

과거의 칠십 평생을 이 소원을 위하여 살아왔고, 현재에도 이 소원 때문에 살고 있고, 미래에도 나는 이 소원을 달(達)하려고 살 것이다. 독립이 없는 백성으로 칠십 평생에 설움과 부끄러움과 애탐을 받은 나에게는, 세상에 가장 좋은 것이, 완전하게 자주 독립한 나라의 백성으로 살아보다가 죽는 일이다. 나는 일찍이 우리 독립 정부의 문지기가 되기를 원하였거니와, 그것은 우리나라가 독립국만 되면 나는 그 나라의 가장 미천(微賤)한 자가 되어도 좋다는 뜻이다. 왜 그런고 하면, 독립한 제 나라의 빈천(貧賤)이 남의 밑에 사는 부귀(富貴)보다 기쁘고 영광스럽고 희망이 많기 때문이다. 옛날, 일본에 갔던 박제상(朴堤上)이 "내 차라리 계림(鷄林)의 개, 돼지가 될지언정 왜왕의 신하로 부귀를 누리지 않겠다." 한 것이 그의 진정이었던 것을 나는 안다. 제상은 왜왕이 높은 벼슬과 많은 재물을 준다는 것을 물리치고 달게 죽음을 받았으니, 그것은 "차라리 내 나라의 귀신이 되리라."함이었다.

—『나의 소원』 중에서

나는 우리나라가 세계에서 가장 아름다운 나라가 되기를 원한다. 가장 부강한 나라가 되기를 원하는 것은 아니다. 내가 남의 침략에 가슴이 아팠으니 내 나라가 남을 침략하는 것을 원치 아니한다. 우리의 부력(富力)은 우리의 생활을 풍족히 할 만하고, 우리의 강력(强力)은 남의 침략을 막을 만하면 족하다. 오직 한없이 가지고 싶은 것은 높은 문화의 힘이다. 문화의 힘은 우리 자신을 행복하게 하고 나아가서 남에게 행복을 주겠기 때문이다.

—『내가 원하는 나라』 중에서

chapter 5
독서는 권력이다

아는 것이 힘이다. 무엇인가 가치 있는 것을 만들어
내는 창조자는 그 분야에서 리더가 된다. 많은 사
람을 움직이게 하고, 그들에게 영향력을 행사한다.

독서는 권력이다

책을 두권 읽는 사람이 책을 한권 읽는 사람을 지배한다.
-아브라함 링컨

"권력이란 그것을 값지게 쓰려고 하고,
쓸 능력이 있는 사람이 추구한다면 인간의 직업 중에서
가장 고귀한 것이다."
-J. A. 홉슨

문자의 권력성

문자란 인간의 의사소통을 위한 시각적인 기호체계를 말한다. 최초의 문자는 B.C 3000년경 메소포타미아의 수메르인과 아카드인 사이에 사용한 것으로 특정한 대상이나 사물을 가리키는 그림으로 시작하였다. 여러 개의 그림을 겹쳐놓고 그들은 서로에게 생각을 표현하고, 전하는 데 사용하였다. 후에 글자는 점점 발전하여 사물뿐만 아니라 추상적인 개념도 나타낼 수 있게 되었고, 농업, 종교, 교육 등 기술과 자료들을 기록할 수 있게 되면서 후손들은 선조들의 기술과 정신을 물려받고, 개선할 수 있게 되었다. 그렇게 하면서 문명은 더욱 발전하게 되었다.

독일의 요하네스 쿠텐베르크(Johannes Gensfleisch zur Laden zum Gutenberg, 1398~1468)는 1450년경 금속활자를 발명하게 된다. 당시 한사람이 3년이 넘는 기간에 필사를 하여 집 10채의 값에 해당하는 한 부의 성경을, 금속활자를 통하여 3년 동안 180부라는 대량 생산을 하게 된다. 이로써 이전에는 수도원의 성직자나 부잣집의 지식인들에게만 독점되었던 지식들이 일반인들에게 전해지면서 개인들이 철학과 과학을 연구하고, 출간하게 되고, 대중들은 무지를 깨우치는 계기가 되었고, 그들은 그들의 권리와 의무가 무엇인지 주장할 수 있게 되었다. 이로써 침묵하며 지배받던 대다수의 민간인들에게 책의 대량생산은 르네상스의 밑거름이 되었고, 종교개혁의 불씨를 지피게 되었다. 1999년 타임지는 새천년을 시작을 앞두고 지난 1천 년 동안 인류 역사상 가장 위대한 영향을 미친 발명으로 쿠텐베르크의 '금속활자'를 선정하기도 하였다.

지식은 근본적으로 권력성을 갖는다. 아는 것은 언제나 힘이 된다(Knowledge is power). 권력이란 사회 전반에 퍼져있는 힘의 관계이다. 어느 개그 프로그램의 '갑과 을' 관계처럼, 개인 간 또는 집단 사이에도 권력이 만들어 놓은 보이지 않는 계급관계가 존재한다. 지식이 권력에 봉사를 할 때도 있었지만, 근본적으로 지식은 권력을 창출한다. 권력 없는 지식은 존재할 수 있지만, 지식 없는 권력은 언제나 곧 붕괴되었다. 떠고 살기에 바빴던 대중들에게 지식과 정보가 값싸고, 쉽게 복제되면서 대중들에게도 점점 힘을 나눠 갖게 되었다.

그리고 마침내 세계 곳곳에서 근·현대로 넘어가는 시민혁명을 성공시키게 된다. 이처럼 책과 글을 접하지 않은 사람은 그렇지 않은 사람에게 지배받고 굴복하며 살아가게 되는 것을 우리는 역사를 통하여 심심치 않게 보아왔다.

동서양을 막론하고, 전쟁이 존재하던 시기에는 언제나 지배계급과 피지배계급 즉 노예가 존재하였다. 노예에게는 철저하게 문자교육을 금지하였다. 글을 읽는 노예는 그들의 권리를 알게 되고, 어떻게 하면 그들의 권리를 찾을 수 있게 되는지 연구를 하기 때문이었다. 피지배계급을 아무 저항 없이 통치하고, 부려먹기 위해서는 그들이 똑똑해지는 것을 철저하게 막아야 했다. 우리나라도 그러한 역사가 존재한다. 독재 시절인 1980년 7월 당시에는 2,579개였던 출판사 가운데 617개의 출판사 등록을 취소시켰고, 출판사 등록을 기존 신고제에서 허가제로 바꾸어 국민들의 자유로운 의견과 생각을 서로 교환하지 못하도록 제한하였다.

지식의 역할

모든 지식은 책으로 귀환한다. 또 그리고 그렇게 되어야 한다. 기록된 지식만이 가장 완전하게 전해질 수 있고, 기록되지 않는 지식은 그 의미가 변질될 수밖에 없다. 물리학적 측면에서 권력이란 변화를 산출할 수 있는 능력을 의미하고, 조직의 측면에서 권력이란 사람을 움직여 행동을 취하도록 하는 것을 말한다. 지식은 문제를 해결해주는 유용한 역할을 할 뿐만 아니라, 자본을 생산하고, 지식을 가지고 있는 사람은 그렇지 못한 사람들 위에서 군림할 수 있었다. 그래서 피지배자들이 똑똑해지는 것을 원하지 않았던 그들은 분서갱유(焚書坑儒)14) 등을 통하여 정치에 간섭하는 것을 막으려 최선의 노력을 하게 된다.

지식이 없는 실행은 불필요한 시행착오를 거칠 수밖에 없다. 기본 지식이 많으면 많을수록 해당 분야에서 좀 더 높은 차원의 문제를 고민할 수 있다. 지식이 많으면 많을수록 원하는 목적에 빠르게 다다를 수 있고, 발생한 실수를 더 명확하게 분석하여 그 실패의 원인을 밝혀낼 수 있게 된다. 따라서 인류의 지식은 나눠야 하고, 익혀야한다. 그런데 현대인은 지식의 홍수 속에 살고 있다. 즉 유용한 지식이 없어서가 아니라, 너무 많은 지식 속에 노출되어 있어서 어떠한 교육이 필요한지 적절하게 걸러내지 못하고 여기저기에 기웃거리게 되어 삶의 시간을 모두 소비하게 되는 경우가 많다. 자신에게 가장 필요한 지식을 순서로 지식을 습득해야 할 것이다.

---

14) 중국에 최초로 통일국가를 이룬 진시황은 만리장성과 아방궁 축조 등 무리한 대토목 공사 등을 시행하면서 백성의 불만을 사게 된다. 이를 법에 의하여 획일적으로 통제하고, 우민정책을 펼쳐 현실정치를 비난하거나, 배척하는 일체의 학문과 사상을 통제하였다. 기원전 213년 진시황은 이사의 건의를 받아들여 의약, 농업, 점복, 진나라와 관련된 역사 및 왕실 서적을 제외한 모든 서적을 태워버리라는 명을 내린다.

지식의 권력성

아는 것이 힘이다. 무엇인가 가치 있는 것을 만들어 내는 창조자는 그 분야에서 리더가 된다. 그래서 많은 사람을 움직이게 하고, 그들에게 영향력을 행사한다. 세상의 모든 이목은 그들에게 집중이 되고, 그들의 일거수일투족은 세간의 관심을 끌게 된다. 이러한 영향력은 권력의 속성을 갖는다. 지식서를 통하여 지식을 많이 가지게 된다면, 그 분야의 전문가로서의 영향력으로 권력을 갖게 되고, 또 수필서를 통하여 덕을 갖게 된다면 그 사람을 따르는 많은 추종자들의 힘에 의해 권력을 갖게 될 것이다. 그리고 이런 지와 덕을 갖추지 못하고 권력을 얻은 어리석은 권력자는 결국 쉽게 권력을 내놓게 되고, 저잣거리의 웃음과 비난으로 그 끝을 맺게 될 것이다.

1443년 세종대왕(1397~1450)은 집현전 학자들과 함께 한글을 만들었다. 한글의 처음 이름은 '훈민정음(訓民正音)'으로 해석하면 '백성을 가르치는 바른 소리'라는 뜻으로 한글을 만든 이유를 "나라말이 중국과 달라 어리석은 백성들이 말하고 싶은 것이 있어도 제 뜻을 펴지 못하는 사람이 많다. 내가 이를 딱하게 여겨 새로 28자를 만들었다."라고 밝히고 있다.

한글이 만들어지기 전에는 우리 문자가 없었기 때문에 우리 조상들은 중국 문자인 한자를 빌려 썼다. 하지만 말과 글이 다른데다가 한자는 어려워서 백성들이 배우고 사용하기 힘들었다. 한문을 사용하여 일상생활에 쓰기 위해서는 기본적으로 3,000~5,000자를 익혀야 하고, 많은 시간을 내어 문법과 사용방법을 익혀야 했다. 하지만 생계를 유지하기도 바쁜 백성들에게는 어려운 한자를 배우고 사용하는 것은 먼 얘기였고, 이는 지배층의 권력을 유지하는데 기반이 되는 측면도 많았다.

이에 세종대왕은 백성들이 쉽게 배우고 쉽게 사용할 수 있도록 발음기관과 천지인(天地人)의 모양을 본떠 우리 문자인 한글을 만들어 백성의 무지를 없애고, 농사법을 한글로 알리면서 효율적인 농사가 이루어지게 하였다. 또 앎의 지평을 넓히고, 생각을 공유하고, 일반 백성에게도 문자생활이 가능하게 되었다. 그의 외교 정책은 중국에 사대를 표방하였지만, 금속활자와 아악, 훈민정음 등을 만듦으로써 문화적 주체성을 자각하고 실천한 계몽군주였다. 백성을 위하여 한글을 만드는 덕을 가졌고, 학문에 정진하는 지를 가진 세종대왕이야말로 지와 덕을 갖춘 훌륭한 권력자인 것이다.

1990년대 영국의 옥스퍼드 대학에서 세계 30여 개의 문자를 분석하여 가장 합리적이고, 과학적이며, 독창성이 뛰어난 문자의 순위를 매겼는데 한글이 1위를 차지하게 되었고, 1997년 10월 1일 유네스코 세계기록유산(Memory of the World)에 등재되었다. 한글은 휴대전화의 문자메시지나, 컴퓨터 자판에서 영어나 한자보다 빠르고, 정확하게 의미를 전달할 수 있다.

아는 만큼 보인다(知則爲眞看, 지즉위진간)[15]고 하였다. 사람들은 모

---

15) 정조시대의 유한준(1732~1811)이 당대 수장가였던 김광국의 화섭(석농화원)에 부친 발문에서 따온 것으로 "알면 곧 참으로 사랑하게 되고, 사랑하면 참

두 자신이 인지하고 있는 세상에서 살아가게 된다. 자신의 감각에 의하여 받아들여지는 세상, 그 범위를 벗어나지 못한다. 그래서 인지, 인식하는 범위를 넓히게 되면 더 많은 것을 보고 느낄 수 있게 된다. 항상 갇히게 되는 인식의 도가니를 넓히는 사람만이 더 많은 것을 보고, 발전할 수 있게 되는 것이다. 자신이 아는 것에 올바른 가치관을 부여하고, 그러한 가치관을 통하여 세상을 바라보아야 자신의 의지와 신념대로 세상을 살아갈 수 있다. 사람들은 더 많은 것을 알아가면서 자신에 대하여 더 많이 알게 되는 것이다.

덕의 권력성

덕은 사람을 따르게 한다. 桃李不言 下自成蹊16)(도이불언 하자성혜,

으로 보게 되고, 볼 줄 알게 되면 모으게 되니 그것은 한갓 모으는 것은 아니다"라는 의미로, "아는 만큼 보인다, 알아야 참으로 보게 된다"라는 '知則爲眞看(지즉위진간)'이 된다. 유홍준 교수의 『나의 문화유산 답사기』에 수록되어 있다.

16) 중국 한나라 때 명장 이광(李廣)은 무예와 용병술이 뛰어나고 덕(德)을 중요시하여 부하를 사랑하고 아껴 많은 사람들이 그를 흠모하고 따랐다. 그래서 일생 동안 70여 차례 흉노와의 싸움에서 패한 적이 없었다. 대장군 위청이 전쟁에 나갈 때 이광은 종군으로 요청하여 무제는 그를 우장군으로 봉하고 막북에서 합류를 명하였지만, 이광은 도중에 길을 잃어 기일 내에 도착하지 못하게 되었다. 이에 흉노에게 패한 위청은 이광을 의심하고 무제와 그의 부하들에게 벌을 내리도록 청했다. 이광은 모든 죄는 자신에게 있다며 부하를 감싸며 스스로 목숨을 끊었다. 그의 죽음으로 온 국민은 충격과 비탄에 빠지며 그를 애도하였다.

복숭아나 오얏은 말을 하지 않지만 그 밑에는 절로 길이 난다). 직역하자면 복숭아꽃과 배꽃은 말이 없지만, 그 향기와 자태에 반해 많은 사람들이 그곳을 오가니 그 밑에는 저절로 길이 생긴다. 즉 덕이 있는 사람은 스스로 뽐내지 않아도 저절로 사람이 모여든다는 의미이다.

권력이란 다른 사람을 움직이게 하는 힘이다. 지식서에 의하여 얻은 권력은 그 분야의 전문가로서 갖는 것이고, 수필서에 의하여 얻는 권력은 추종자들의 자발적 의사에 의하여 얻는 힘이다. 그리고 폭력에 의한 권력은 결국 무너지게 되어 있다. 지식서에 의해서만 얻는 권력은 독재자가 되기 쉽고, 수필서로만 얻은 권력은 무능하기 쉽다. 두 가지 힘을 고루 얻어야 할 것이다.

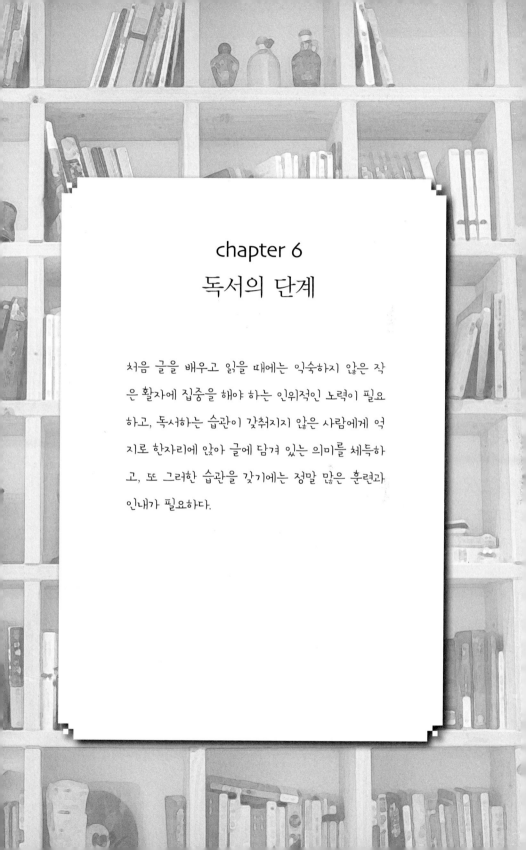

chapter 6
독서의 단계

처음 글을 배우고 읽을 때에는 익숙하지 않은 작은 활자에 집중을 해야 하는 인위적인 노력이 필요하고, 독서하는 습관이 갖춰지지 않은 사람에게 억지로 한자리에 앉아 글에 담겨 있는 의미를 체득하고, 또 그러한 습관을 갖기에는 정말 많은 훈련과 인내가 필요하다.

chapter 6
독서의 단계

나는 젊어서는 남들에게 자랑하려고 공부했다.
그 뒤에는 나를 만족시키기 위해서 했다.
지금은 재미로 공부한다.
-미셸드 몽테뉴

독서의 단계

독서란 문자를 의미로 전환하는 작업을 말한다. 단어 또는 문자가
가지고 있는 고유의 의미를 머리가, 또는 가슴이 이해하는 것이다.
독서가 가능하기 위해서는 먼저 단어가 가지고 있는 의미를 알아야
만 한다. 전혀 의미를 모르는 글자들을 계속 활자만 읽는다면 그것
은 제대로 된 독서를 하지 못하는 것이다. 대학과 대학원을 마칠 때
에도 새로운 분야의 생소한 용어를 만나다 보면 가독성은 떨어진다.
의미가 바로 떠오르지 않기 때문이다. 하물며 6세, 7세의 어린이들
이 글을 읽기 시작할 때에는 얼마나 많은 집중력과 시간이 필요하겠

는가. 그래서 처음 글을 배우고 읽을 때에는 익숙하지 않은 작은 활자에 집중을 해야 하는 인위적인 노력이 필요하고, 독서하는 습관이 갖춰지지 않은 사람이 억지로 한자리에 앉아 글에 담겨 있는 의미를 체득하고, 또 그러한 습관을 갖기에는 정말 많은 훈련과 인내가 필요하다. 그러다가 반복적으로 단어와 문장에서 의미를 추출하는 훈련이 되면, 좀 더 쉽고 재미있게 독서를 즐길 수 있다.

독서의 단계는 인지단계, 이해단계, 판단단계, 통합단계로 나뉜다.[17] 인지단계는 문자를 익히는 단계, 이해단계는 이미 알고 있는 지식을 동원하여 기존의 지식을 확인하고 새로운 지식을 축적하는 단계, 판단단계는 내용을 감상하고 느낀 것을 토대로 전달하고자 하는 핵심을 판단하는 단계, 통합단계는 다양한 독서로 풍부한 지식을 쌓고, 그것을 활용하여 새로운 것을 창조할 수 있는 단계인 것이다. 독서를 시작하는 사람이 통합단계에 오르기 위해서는 지식서 보다는 수필서를 읽는 것이 좋고, 그리고 약 1,000권 정도의 독서가 필요하다고 생각한다.

우리나라 사람은 왜 이렇게 책을 읽지 않는 것일까? 그것은 바로 우리나라 정규교육에는 지식서만을 가르치지 때문이다. 우리나라 교육에서 아쉬운 것이 있다면, 우리나라의 정규과정을 거친 대부분의 사람들은 지식서만을 경험하게 되어 결국 학교를 마치면 책을 접하지 않게 만든다. 독서에 훈련이 되지 않았을 뿐만 아니라, 독서의 참

---

17) 김혜영, 『독서지도 방법론』, 경남대학교 출판부, 2006

맛을 경험할 수 있는 시간을 갖지 못하기 때문이다. 하지만 수필서를 읽어본 사람은 손에서 책을 놓을 수 없게 된다. 수필서는 어렵지 않을 뿐만 아니라, 즐거움과 수신을 가르치고, 책을 평생 읽어야 하는 이유를 가르쳐주어 책을 평생의 친구로 만드는 힘이 있다. 보통 책에 관심을 갖지 못한 사람들은 지식서만을 읽어 본 사람들이 대부분이다. 지식서는 지식의 습득에는 좋지만, 지식서만을 읽으면 독서에 흥미를 가질 수 없다.

홍대용 선생의 '담헌서'에 보면 "처음 독서할 때에는 누구나 그 어려움이 있다고 한다. 하지만 독서의 괴로움과 어려움을 겪지 않고서는 사람의 재주와 능력을 개발하지 못하니 독서의 즐거움을 찾을 때까지 힘이 들더라고 책을 읽으라"하였다. 글을 많이 접하게 되면, 점점 독서에서 즐거움을 찾는 단계에까지 오게 되고, 그 이후에는 아무리 말려도 스스로 책을 찾게 되기 때문이다.

퇴계 선생은 "오직 익숙해질 때까지 읽어야 한다. 대개 독서하는 사람은 비록 문장의 뜻을 이해하고 있더라도, 그 문장에 익숙해 있지 않으면 읽은 후 즉시 잊어버린다. 그래서 마음속에 간직할 수가 없다. 이미 공부한 것은 반드시 완전히 익숙해지도록 더욱 힘을 써야 한다. 그런 다음에야 마음속에 간직할 수가 있으며, 흠뻑 젖어드는 묘미를 느낄 수 있다"고 하였다. 진정 그 뜻을 이해하고, 자신의 것으로 만들기 위해서는 그러한 노력이 필요한 것이다.[18]

그렇게 읽어도 쉽게 그 의미가 들어오지 않은 단계를 거치고, 두

---

[18] 한정주, 엄윤숙, 『조선지식인의 독서노트』, 포럼, 2007

번 세 번 반복하여 읽어야 하는 단계를 또 거쳐 활자에 익숙해지고 그것이 반복되어 점점 그 영역이 넓어져야 다양한 분류의 도서를 아무 무리 없이 읽을 수 있는 경지에 오르게 되는 것이다.

시각을 통과한 문자는 뇌의 신경세포돌기 말단에 있는 주머니 모양의 시냅스에 저장되고, 회상하게 된다. 시냅스는 뉴런이 모여있는 곳으로 뇌, 척수의 회백질, 신경절 등이 집중되어 있는 곳이다. 그중에서 유전자 발현과 단백질 합성을 통하여 시냅스의 구조가 단단해지는 경화(硬化) 과정을 거쳐야 단기기억이 장기기억으로 전환된다. 기억에 정보가 추가되거나 수정될 때에도 역시 동일한 시냅스에서 단백질 분해와 재합성이 일어나 처음 저장하는 곳과 기억을 떠올리고 다시 저장하는 곳이 같게 된다. 이렇게 반복된 문자는 그것을 읽을 때마다 그 정보를 빠르게 떠오르고 처리하게 된다. 즉 글은 읽으면 읽을수록, 반복하면 할수록 빨리 읽혀지게 되는 것이다. 그렇게 해야 글을 읽는 데 큰 어려움이 없어지게 된다. 결국 모든 것에 숙달하기 위해서는 반복을 통한 훈련이라는 것을 여기에서도 다시 한번 확인할 수 있다.

독서에 뜻을 세우는 단계

뜻을 세운다는 것은 독서의 방향을 정하는 것이다. 독서에도 목표가 있다면 그 즐거움은 배가 된다. 자기가 공부하고 싶은 분야, 자기를 발전시키고 싶은 한 가지 분야의 책을 골라 읽게 되면, 스스로 시간이 갈수록 그 깊이가 깊어진다는 것을 느낄 수 있다. 그리고 한 번 깊게 읽어본 경험은 다른 분야의 독서에도 그 방법을 알 수 있다. 그렇게 먼저 한 분야의 독서를 깊게 경험히는 것이 중요하나. 그 다음 다양한 분야로 넓히는 것이 좋다. 독서에 그 방향이 없다면 자신이 이루고자 하는 목표를 이룰 수 없다. 목표를 바로 세울 수는 없을지라도, 끊임없이 목표를 찾고 수정하는 작업을 해야 한다. 그러한 일을 계속하다 보면 어느 순간 당신은 독서에 훌륭한 목표를 가지고 정진하고 있을 것이다. 독서할 어떤 한 분야를 고를 수 있다면, 당신은 이미 절반의 성공을 이룬 것과 같다.

많은 사람이 독서를 하지 않는 이유는 첫 번째, 독서에 습관이 없기 때문이다. 독서가 중요한지는 알아도 그것이 자신의 생각에 어떤 변화를 경험하지 못하였기 때문에 독서를 찾지 않는다. 둘째로, 무엇을 읽어야 하는지 모른다. 어디 학교 권장도서나, 어디 기관 권장도서 하면서 읽지만 읽어봐도 그리 재미가 있지 않다. 실은 그러한 책들은 읽기를 시작한 초심자에게는 그리 구미가 당기지 않는 책들이 대부분이다. 현실에 도움도 잘 되지 않고, 그렇다고 바로 흥미를 유발하지도 못한다. 여기에 대한 해답은 먼저 자신의 흥밋거리를 찾아야 한다. 취미와 연관된 책을 고르거나, 자신이 하는 일 등 한 가지 분야의 책을 100권 정도 읽으면 그 분야에서 전문성을 경험할 수 있다. 그 다음 500권, 1,000권이 되면 그 분야의 0.5% 안에 들 수가 있다. 이런 식으로 한 분야를 깊이 경험하면 책이 주는 깊이와 중요함을 알 수 있다. 또 지식서는 조금 딱딱한 감이 있어 흥미를 잘 유발하지 못하고 지루함이 있다. 그래서 『논어』나 『맹자』, 『대학』, 『중용』, 『명심보감』 등은 수필서를 왜 읽어야 하는지 오랫동안 가슴에 저장시켜 준다. 또 학교나 어떤 모임에서 무언가를 발표하고, 설명해야 할 기회나 자리가 생기면 사람들은 그 분야에 대하여 깊게 연구할 동기가 생긴다. 이것 역시 좋은 경험이기 때문에 이러한 기회를 자주 갖게 하는 것이 좋다.

책을 재미있게 읽으려면, 스스로 재미를 느낄 수 있는 책을 읽는 것이 좋다. 그림이 있는 책도 좋고, 무협지도 좋다. 관심이 있는 책부터 시작해 보아라. 어떤 분야든 지식이 많아지면 많아질수록 호기심과 관심은 더 생기게 마련이다. 그것은 지식 간에는 강한 인력이 작용하기 때문이다. 또 글을 많이 읽게 되면 글을 빠르게 읽게 된다. 뇌의 정보전달이 빠르게 되면서 글을 읽는 것에 대한 부담감이 많이 줄어든다. 또 글을 빠르게 읽을 수 있으면, 필요 없는 부분은 건너뛰거나, 자신에게 필요한 부분만 읽을 수 있는 발췌독이 가능하다. 관심 있는 지식이 많아지면 책을 고를 수 있는 능력도 생긴다. 지식서만 읽으면 독서에 슬럼프가 찾아올 수 있다. 하지만 수필서는 삶의 중요한 것을 깨닫게 하고, 삶에 재미와 여유를 느끼게 해준다. 따라서 삶이 지루하거나, 힘들거나, 의욕이 사라질 때에는 수필서를 즐겨 읽는 것이 좋다. 또 어느 분야든 처음 접하게 되면 생소하여 재미가 없지만, 점점 그 분야에 지식이 쌓이고, 응용이 가능하고, 다른 지식과 연결되는 것을 느끼게 되면 지식습득에 많은 재미를 느낄 수 있게 된다. 꾸준히 읽어 보아라.

독서훈련 단계

책 읽는 방법을 배우고, 익히고, 훈련해야 한다. 야구선수는 동일한 수많은 배트를 휘두르며 타석으로 날아오는 공을 치다보며 배트를 휘두른다. 권투선수는 이리저리 좌우로 움직이는 상대방의 머리를 향하여 주먹을 날리고, 무의식적으로 상대방을 맞출 정도에 이르기까지 근육을 단련시키고 신경을 예민하게 다듬는다. 마찬가지로 책을 반복적으로 읽으면 활자를 받아들이는 뇌의 기능이 빨라져 글을 읽는 속도도 빨라져 적은 시간에 많은 의미를 받아들일 수 있게 된다.

살다 보면 새로운 것들을 배워야 하고, 새로운 것들을 경험해야 하는 일들이 수없이 생긴다. 하지만 모든 것은 생소하고 처음 겪는 일들이여서 그것들을 알아가는 동안에는 수많은 시행착오를 거치게 된다. 어떠한 시행착오는 과도한 스트레스를 일으키고, 때론 좌절하게 만든다. 이럴 때는 조력자가 필요한데 그 중에서 책은 평생동안 함께 할 수 있는 훌륭한 조력자가 된다.

수불석권 단계

수불석권(手不釋卷)하라. 언제나 손에 책을 들고 다니면, 틈나는 대로 책을 읽을 수 있다. 그러면 독서습관이 생긴다. 지하철을 탈 때에도, 에스컬레이터에서도, 길을 걸으면서도, 친구를 만나거나 TV를 볼 때에도 책을 항상 가지고 다니며, 틈나는 1분이나 30초에도 책을 읽을 수 있다. 이러한 독서습관이 생긴다면 당신의 인생은 성공에 아주 근접해 갈 수 있다. 그리고 당신의 삶이 가장 빛나는 순간이 될 것이다.

책을 많이 읽는 사람일수록 새로운 것에 겁을 내지 않는다. 할 줄 아는 일만 하려고 한다면 앞으로 나아갈 수 없다. 새로운 일에 도전해봐야 새로운 것을 깨달을 수 있기 때문이다. 이들은 실패를 두려워하지 않는다. 누구에게나 시작은 있다. 무엇이든 시작할 때는 서툴다. 처음 해보는 데 익숙할 수는 없다. 그렇게 반복하면서 익숙해지고, 쉬워지는 것이다. 독서도 마찬가지다. 익숙해질 때까지 쉽지는 않겠지만, 그 단계를 넘어서면 분명 당신은 독서의 재미에 빠져 평생을 책과 함께 보내게 될 것이다. 한 가지에 미치는 것이(狂, 미칠 광) 몰입이다. 그 몰입이 당신을 목표에 이르게 할 수 있다(及, 미칠 급).

아직 자신의 진로를 정하지 못하였다면, 일단 많은 책을 읽어 보아라. 책 속에서 당신의 길을 찾을 수 있을 것이다. 진로를 찾기 위해서는 자신이 무엇을 좋아하는지, 어떤 일들이 있는지, 그리고 그러한 일들이 자신의 인생에서 어떠한 작용을 할 수 있는지를 알아야 하는데 그러한 것들을 이야기해줄 수 있는 사람들은 주위에서 많지 않다. 일단 수필서 위주로 책을 읽어보고, 가능한 많은 양의 독서를 해보아라.

> 인간의 성공은 독서량에 정비례한다.
>
> 책을 많이 읽은 사람은 그만큼 위대하게 되는 것이다.
>
> 우리나라에는 위대한 사람이 많이 나지 않는다.
>
> 그것은 위대한 사람이 될 만큼의 독서량이 없기 때문이다.
>
> ―징을병, 『독서와 이노베이션』, 청어, 2002

『48분 기적의 독서법』을 쓴 김병완 작가는 '1,000권 읽기'를 강조한다. 1,000권의 독서가 사람의 생각을 한 단계 업그레이드하는 임계점이라고 말한다. 개인적으로 그 의견에 강하게 동의한다. 1,000권의 독서를 할 정도면 다양한 분야의 책들을 읽게 되고, 그러한 다양한 생각들은 각 분야의 생각들을 서로 섞고, 연결시켜 새로운 아이디어들이 넘쳐나는 수준이라고 생각하기 때문이다.

chapter 7
독서법

책을 읽는 데에도 훈련이 필요하다. 익숙하지 않은 것을 익숙하게 하기 위해서는 반복이 필요하다. 독서도 마찬가지이다.

독서법

사람의 품격은 그 사람이 읽은 책을 통하여 판단할 수 있다.
그것은 마치 친구를 보고 판단할 수 있는 것과 같다.
-스마일즈

독서의 시작

독서에도 방법이 있다. 처음에는 문자를 배워야 한다. 한 글자씩 배우고, 한 단어씩 읽다가 보면 익숙해져 점점 빠르게 읽을 수 있다. 이 단계는 참 지루하다. 관심 가는 분야가 있다면 그래도 천천히 읽으며 앎의 즐거움이라도 느낄 텐데, 처음 글자를 배울 때는 어디 관심 있는 분야가 있기도 전인 경우가 많다. 그렇게 문자를 배워 스스로 책을 읽을 수 있는 단계가 된다면 책을 읽는 환경에 자주 노출되는 것이 좋다. 글 읽는 것에 익숙하지 않으면 글을 읽는데 집중력이 많지 않다.

다산은 독서를 할 때 의심하며 읽는 것을 중요시하였다. 읽으면서 스스로 반문하고, 의문이 생기는 것을 즉시 물어 문제점을 찾아내고 해결책을 밝혀내는 독서를 중요시한 것이다. 즉 책을 읽으면서 '왜'와 '어떻게'라는 의문과 해결책을 찾으려 노력한 것이다. 스스로 질문하며 읽어야 한다. 질문은 사고를 이끌어 낸다. 하나의 질문은 하나의 생각과 하나의 해결책을 만들어 낸다.

또 다산은 다음과 같은 다섯 가지 방법을 이용하여 독서를 하였다고 한다. 첫 번째 방법은 박학(博學)이다. 많이 읽고, 두루 배워 견문을 넓히는 것을 의미한다. 두 번째는 심문(審問)으로 자세히, 그리고 깊게 묻는 것이다. 묻는 것은 생각하게 만든다. 그리고 묻는 것은 당연하게 생각하는 것까지고 더 좋은 것이 없는지 생각할 수 있는 좋은 방법이다. 세 번째는 신사(愼思) 즉, 신중하게 생각하는 것인데, 이것은 남들과 다른, 그리고 더 깊은 연구를 할 수 있게 하는 방법이다. 네 번째 방법은 명변(明辯)으로 명백하게 분별하는 것으로, 배움의 대상을 분석하고 나누어 하나하나 명확하게 하는 것이다. 마지막으로 다섯 번째 방법은 독행(篤行)으로 삶 속으로 가져와 실천하는 것을 의미한다. 불필요한 것은 소용이 없다. 필요한 것도 배우고, 공부하기에도 짧은 세월인데, 세상의 모든 것을 다 알 수는 없는 것이다. 자신이 필요한 것을 기준으로 뜻을 세워 공부를 하고, 그것을 실천하는 삶을 살라는 의미인 것이다.

책을 읽는 데에도 훈련이 필요하다. 익숙하지 않은 것을 익숙하게 하기 위해서는 반복이 필요하다. 독서도 마찬가지이다. 그런데 몇 가지 방법이 있다. 그 방법들에는 나름대로 이유가 있는데 한번 시험해 봐서 자신에게 맞는 것이 있다면 적용해 보는 것이 좋을 것 같다.

독서의 방법에는 다독(많은 책과 글을 읽는 것), 정독(차근차근 세밀하게 읽는 것), 속독(훑어보기 식으로 빠르게 읽는 것), 묵독(소리를 내지 않고 읽는 것), 발췌독(자기가 필요한 부분만 골라 읽는 것), 음독(소리 내어 읽는 것) 등 다양한 방법이 있다.

소리 내어 읽기

소리를 내어 읽으면 집중이 잘된다. 소리를 내면 스스로 뇌를 자극하기 때문에 다른 생각을 하지 않고 자신이 읽는 소리에 집중을 할 수 있다. 과거 동양과 서양 모두 소리를 내어 글을 읽었다. 책이 귀했던 과거에 청중과 함께 글을 음미한 적도 있지만, 소리 내어 글을 읽은 것은 그만큼 스스로 그 효과가 좋았기 때문이다. 책을 읽다가 모르는 부분이 있으면 "이게 뭐지?"라든가 "왜 그러지?" 등의 혼잣말로 소리를 내는 것도 혼자서 집중을 하는 데에는 좋은 방법이다. 하지만 너무 큰소리로 책을 읽는다면 기운이 금방 빠진다. 한의학에 의하면 우리 몸의 기는 폐가 관장을 하는데, 큰소리로 말을 하게 되면 폐가 쉽게 피로해져 기운이 빠져 오랫동안 집중을 할 수 없게 된다. 그래서 큰소리 보다는 작은 소리로 책을 읽고, 특히 아침에 일찍 일어나서 20분 정도 소리 내어 책을 읽게 되면 아침에 뇌의 기능을 활성화시켜준다. 또 음독을 하다 보면 자신이 낸 소리를 자신의 귀로 들음으로써 묵독보다 기억과 집중하는데 효과가 크다. 소리 없이 읽으면 그냥 지나칠 수 있는 문장을 자신의 귀는 놓치지 않기 때문이다.

이것은 음악 같은 소리를 들으면 측두엽의 청각 영역만 활성화가되고, 시각만을 사용하면 뇌의 뒷부분만 활성화가 되는데, 소리 내어 책을 읽게 되면 이 두 개의 영역이 모두 활성화된다는 것이 과학적으로 증명되었다. 이처럼 글을 읽을 때에도 5가지 감각 중에서 최대한 많은 감각을 사용하도록 노력한다면 뇌 기능과 지적능력을 높일 수 있게 된다.

일본 도후쿠대학교의 가와사마 류타 교수는 생각하기, 글쓰기, 읽기 등 어떤 활동을 할 때마다 뇌의 반응부위가 다르고, 이 반응하는 부위는 혈액의 순환이 잘되는 것을 발견했다. 또 사람이 큰 소리로 읽을 때 뇌 신경 세포가 70% 이상 반응하면서 가장 활발하게 움직인다는 것을 알아냈다. 뇌의 활성화 정도를 비교해본 결과 게임을 할 때 〈 단순계산을 할 때 〈 조용히 묵독을 할 때 〈 큰소리로 독서를 할 때 순으로 활성화 정도가 차이가 났다. 소리 내어 읽기 활동은 문자와 발음이 분명히 연결되고, 이때 단어가 머릿속에 분명히 표상되어 뇌를 다중으로 활성화한다는 것이다.

조선시대까지만 해도 책을 읽을 때에는 소리를 내어 읽었다. 너무 큰소리를 내면 오래가지 못해 힘이 다 빠져 책을 오래 읽을 수 없지만, 작은 소리로 소리를 내면 그리 힘들지 않고 책을 읽을 수 있고, 집중도 오랫동안 유지를 할 수 있기 때문에 좋은 방법이다. 옛날에는 음독(音讀)하는 것이 성현의 뜻을 제대로 알 수 있다고 하여 소리 내어 읽는 것을 중요시하였다. 아침에 읽어나서 30분 정도는 소리를 내어 책을 읽는다면 정신도 맑아지고, 목소리도 가다듬을 수 있을 뿐만 아니라, 혀도 적적한 운동을 시켜 대화를 할 때 말이 꼬이지 않을 수 있다. 묵독은 근대에 들어와서 시작한 읽기 방법이다. 중세 이전에는 동서양 모두 소리 내어 책을 읽었다. 소리를 내어 읽으면 집중이 잘된다. 이제 막 글을 읽기 시작한 아이들에게 한번 시험을 해보아라. 눈으로만 읽는 것보다 소리를 내어 읽을 때 읽은 내용을 더 정확하게 기억하고 있다. 너무 큰소리로 읽으면 금방 힘이 빠지고 도서관이나 학교에서 큰소리로 책을 읽으면 다른 사람에게 피해를 주게 되니 상황에 따라서 강약을 조절해야 할 것이다.

조선 중기의 성리학자인 지봉 이수광(1563~1628)은 지봉유설에서 "글을 읽을 때에는 세 가지가 그곳에 머물러야 한다. 즉 마음이 머물러야 하고, 눈이 머물러야 하고, 입이 머물러야 한다. 마음이 그곳에 머무르지 않으면 눈이 자세하게 보지 않게 된다. 마음과 눈이 한 곳에 머무르지 못하면, 다만 제멋대로 외우고 헛되이 읽을 뿐이다. 결코 책의 내용을 기억할 수 없고, 설령 기억한다고 해도 또한 오래가지 못하고 잊어버릴 것이다." 라고 하여 여러 감각을 이용한 독서를 강조하였다.19)

---

19) 한정주, 엄윤숙, 『조선지식인의 독서노트』, 포럼, 2007

입술을 움직이며 읽기

도서관 같은 공공장소에는 소리를 내어 책을 읽을 경우 다른 사람에게 피해를 줄 수 있다. 하지만 입술만을 움직이며 책을 읽을 경우에는 큰 문제가 되지 않는다. 입술만을 움직이며 독서를 해도 집중이 잘 되는 것을 느낄 수가 있다. 입술을 움직이면 책 읽는 속도가 늦어지는 것이 아니냐고 반문하는 사람도 있겠지만, 실상 그렇지 않다. 입술 같이 신체의 일부분을 움직이며 책을 읽으면 몸의 심장박동이 빨라져 잠이 사라지고, 집중력을 발휘할 수 있다.

예를 들면 껌을 씹거나, 씹은 후 약 20여 분간은 집중력이 좋아지고, IQ가 올라간다는 연구결과가 있다. 미국 세인트로렌스대학 서지오나이퍼 교수는 시험 직전 5분간 껌을 씹은 학생들은 그렇지 않은 학생들보다 시험점수가 높게 나온 연구결과를 발표하였는데, 그러한 이유는 씹는 운동이 뇌를 활성화하기 때문이라고 하였다. 마찬가지로 영국 카디프대학에서도 비슷한 실험을 했는데, 연구대상자들을 두 팀으로 나누어 한 팀은 껌을 씹으면서 과제를 외우게 하였고, 다른 한 팀에게는 껌을 씹지 않고 외우게 한 결과, 껌을 씹은 팀이 암기력이 더 좋았고, 정확도도 높았다고 한다. 이는 껌을 씹는 행동이 뇌로 가는 혈류가 많아지면서 산소공급량이 많아져 뇌의 기능이 활성화되기 때문에 집중력과 사고력이 좋아진다고 한다. 마찬가지로 입술을 움직이며 책을 읽는 것도 비슷한 효과를 발생시킨다.

그렇다고 공공도서관이나 수업시간에 껌을 씹으면 다른 사람에게 피해를 주니 껌은 씹지 말고, 조용히 입술을 움직여라. 수업시간에 선생님이 하시는 말을 입술로 따라 해도 집중력을 유지하면서 수업을 들을 수 있다. 마찬가지로 지하철이나 커피숍 같은 시끄러운 장소에서는 입술을 움직이며 책을 읽으면 더욱 집중이 잘 되는 것을 경험해 볼 수 있을 것이다. 또 어린아이들의 경우, 책을 소리 내어 읽다가 눈으로 읽기로 넘어가는 과정에서 눈이 글자를 읽지만 머리에 그 정보가 전달되지 않을 경우나 책을 읽었지만 아무 생각이 나지 않고 멍할 때 입술로 따라서 읽으면 훨씬 집중이 잘 되는 것을 알 수 있다.

수업시간에 선생님의 말씀을 입술로 조용히 따라 한다면 역시 집중력이 높아진다. 선생님이 한번 얘기를 할 때 자신은 두 번 세 번 따라 하면 쉽게 기억할 수도 있고, 역시 집중력도 높아진다. 무언가를 반복적으로 읽어 암기해야 할 경우에는 더더욱 좋은 방법이다. 글을 쓸 때도 마찬가지로 자신이 쓰고 있는 글들을 조용한 목소리로 소리 내면서 쓰게 되면 역시 글을 부드럽게 쓸 수 있을 뿐만 아니라, 집중력이 쉽게 흩어지지 않는다.

서서 읽기

오랜 시간 앉아서 책을 읽을 경우에는 집중력이 점점 사라진다. 몸이 한 가지 자세를 오랫동안 유지하기 때문에 피로감을 느끼면서 집중력이 사라지고, 공부에 대한 의욕도 사라지게 된다. 그래서 장시간

많은 의욕을 가지고 공부하기 위해서는 1시간마다 10분~15분 정도는 자리에서 일어나서 몸의 근육을 풀어주는 것이 좋다. 이때 다른 것을 할 경우 책 읽기가 아닌 다른 것에 집중을 하게 되어 독서의 흐름이 깨질 수 있기 때문에 휴식을 취할 때에도 그 책을 가지고 나가서 서서 소리 내어 읽는 것을 권한다. 그러면 그동안 밑줄 친 부분을 다시 읽어볼 수도 있고, 다른 것에 관심을 쏟게 되는 일도 적어진다.

또 오랜 시간 앉아 있게 되면 사람의 심장박동이 점점 줄어들어, 뇌에 혈액 공급량이 떨어져 졸음이 온다. 하지만 서서 읽기를 하면 심장의 움직임이 늘어나 혈액의 순환량이 많아지고, 산소 공급량도 증가하게 된다. 그래서 졸음이 사라지고 집중력이 올라가게 된다. 공부 중에도 틈틈이 자리에 일어나 적절하게 몸을 움직여 산소공급량을 늘려주는 것이 필요하다. 또 공부를 할 때에도 가만히 앉아 있는 것보다 몸의 일부를 움직이는 것이 혈액순환과 산소공급에 역시 좋다.

실제로 미국에서는 서서 수업을 듣거나 연구하는 곳이 많다. 미국 텍사스 A&M대학교 연구진은 서서 수업을 들을 때가 앉아서 들을 때보다 집중력이 평균 12% 더 높아진다는 연구결과를 발표하였다. 연구진은 미국의 초등학교 4학년 학생 약 3백 명에게 서서 수업을 들을 수 있는 '스탠딩 책상'을 제공하고, 선생님의 질문에 대한 대답 빈도, 토론 참여율 등을 조사한 결과 서서 수업을 듣는 학생이, 앉아 있는 학생보다 딴짓을 덜 하고, 수업에 대한 참여도와 관심도가 더 높은 것을 알아냈다. 이는 1시간의 수업당 평균 5~7분씩 정도 집중력이 높아지는 셈인데, 연구를 이끈 마크 벤든(Mark Benden) 교수는 "서 있는 자세는 능동적인 수업 참여를 유도하여 학업 성취도를 높이는 데 도움을 준다"고 설명하였다.

또 캘리포니아의 벨시토초등학교도 전교생이 스탠딩 데스크를 사용하고 있는데, 6학년인 에마 칼쿠노스는 "처음엔 계속 서 있으면 피곤하지 않을까 걱정했는데, 오히려 힘이 나고 집중도 더 잘 된다"고 말하였다. 이 학교에 '서서 공부하기' 도입한 멜리사 넬슨 어빙 선생은 "500달러짜리 책상이 그만한 값어치를 하고 있다"며 아이들이 항상 깨어 있고, 활기차고, 수업에 더 적극적이라고 말했다.[20]

미국 미네소타의 마린초등학교(Marine Elementary School) 역시 높이를 조절할 수 있는 책상을 가슴 높이까지 올리고, 서서 수업을 듣는다. 수업 중에 스트레칭을 하고, 자세를 수시로 바꾸며 수업을 듣는데, 얼핏 보면 수업이 산만하고, 수다스럽게 보일 수 있지만, 학생 수가 많지 않은 학급에서는 그리 산만하지 않고 더 적극적으로 수업에 참여를 하고 있다.[21]

미국 실리콘밸리의 구글, 페이스북 등 IT 기업들을 중심으로 '서서 일하기'가 시작되었는데, 장시간 컴퓨터 작업을 앉아서 하다 보니 직원들에게 질병이 발생하여 일하면서 움직일 수 있는 '스탠딩 데스크'를 도입한 것이 '서서 공부하기'로 발전하였다고 한다. 서서 수업을 듣게 되면 단조로움을 없애고, 학업에 대한 참여와 관심을 높이고, 책

---

20) "Schoolchildren get into stand-up act". USA TODAY, October 12, 2015. "美교실에 의자가 사라졌네요", 프리미엄조선, 2015. 10. 13.

21) "Students when called upon, and when not", The New York Times, Feb. 24, 2009

상에만 앉아 있을 때보다 비만율 역시 15~17% 줄었다고 한다. 오랜 시간 꼼짝하지 않고 앉아서 일을 하게 되면, 목과 허리에 부담을 줘 목 디스크나, 허리 디스크 같은 척추질환이 발생하고, 복부비만을 유도해 성인병 발병 확률이 높다. 물론 하루 종일 서서 학업과 일을 한다는 것 역시 어려운 일이지만, 컨디션을 고려하여 서서 보내는 시간과 앉아서 보내는 시간을 조절하는 것이 중요할 것이다.

수불석권(手不釋卷)[22] 읽기

손에는 항상 책을 지니고 다녀라. 책을 읽지 않아도 들고 다녀보

---

[22] 오나라의 장군 여몽은 많은 전쟁에 나가 승리했지만 어려서 집안이 가난하여 제대로 공부를 하지 못하였다. 손권이 그에게 전략 요충지를 담당하는 임무를 맡기려 하자 일부 관료들은 그가 배우지 못했다고 하여 그를 경시하게 되었다. 이에 손권은 여몽이 임무를 맡은 곳으로 떠나기 전 많은 사서(史書)와 병서(兵書)를 읽도록 권하자 여몽은 부대의 일이 많아 독서할 시간이 없다고 하였다. 이에 손권은 "너의 말은 옳지 않다. 시간이란 자신이 만들어 내는 것이다. 나는 과거에 책 읽기를 좋아했다. 또 지금은 국가의 대사를 맡아 매우 바쁘지만, 어떻게든 시간을 내어 사서와 병서를 읽는다. 또 후한의 황제 광무제는 변방일로 바쁜 가운데서도 손에서 책을 놓지 않았으며(手不釋卷), 위나라의 조조는 늙어서도 배우기를 좋아하였다"라며 나무라자 여몽은 학문에 정진하게 되었다. 그 뒤 손권의 부하이자 여몽과 막역한 사이인 노숙이 여몽과 상의할 일이 있어 여몽을 찾아가 대화를 나누자 박식해진 여몽을 보고 놀라며 언제 그만큼 많은 공부를 했는지를 묻자, 여몽은 "선비가 만나서 헤어졌다가 사흘이 지난 뒤 다시 만날 때는 눈을 비비고 다시 볼 정도로 달라져야만 한다(刮目相對)"라고 말하였다.

아라. 책을 가지고 있으면, 틈나는 대로 책을 펼 수가 있다. 횡단보도를 건너기 전 신호대기로 잠시 서 있어야 할 때나, 에스컬레이터에서 서 있어야 할 때, 친구를 만나는 장소에서 기다리거나, 음식을 시키고 기다리는 시간까지 손에 책을 들고 있다면 30초든 1분이든 한 페이지를 읽을 수 있다. 그렇게 조각의 시간이라도 사용하는 습관을 들이면, 시간을 아끼는 습관을 가질 수 있다. 또 책을 가지고 다니는 것이 습관이 되면 정말 많은 시간을 책과 함께 하루를 보낼 수 있다.

반복적으로 읽기(讀書百遍義自見, 독서백편의자현)

익숙하지 않은 분야나 글을 접하게 되면 그 의미가 쉽게 전달이 되지 않고, 읽는 속도가 더딘 경우를 경험할 수 있다. 이럴 경우에는 반복하며 책을 읽는데, 반복하면 할수록 뭔가 깨달아지며 기쁨을 느낄 수가 있다.

독서백편의자현은 책이나 글을 백 번 읽으면 그 뜻이 저절로 이해가 된다는 뜻23)으로, 무슨 일이든 끈기를 가지고 노력하면 목적하는

---

23) 『삼국지(三國志)』「위서(魏書)」에 나오는 말로, 후한 말기 동우라는 사람은 집안이 가난하여 일을 하면서 책을 보았는데, 부지런히 공부하여 황문시랑이란 벼슬에 올랐으나 조조의 의심을 받아 한직으로 쫓겨나게 되었다. 이에 각처에서 동우의 학식을 흠모하고 동우 밑에서 글공부를 하겠다고 하였으나 동우는 "나에게 배우기보다 그대 집에 가서 혼자 책을 백번이고 읽어 보면 스스로 그 뜻을 알 걸세."라고 거절하였다.

바를 이룰 수 있다는 뜻으로도 쓰이기도 한다. 세종대왕 역시 그 의미가 어려운 책은 100번을 읽었다고 하니 반복이 독서에 얼마나 큰 효과를 가지고 있는지 의문을 하지 않아도 될 것이다.

퇴계 이황은 "책이란 정신을 차려서 수없이 반복해 읽어야 하는 것이다. 한두 번 읽어 보고 뜻을 대충 알았다고 해서 그 책을 그냥 덮어버리면 그것이 자기 몸에 충분히 배어나지 못할 뿐만 아니라 마음에 간직할 수가 없게 된다. 이미 알고 난 뒤에도 그것을 자기 몸에 배도록 공부를 더 해야만 비로소 마음속에 오래 간직할 수 있게 된다. 그래야 학문의 참된 뜻을 체험하여 마음에 흐뭇한 맛을 느끼게 되는 것이다."[24] 라는 말로 독서의 반복을 중요시하였다.

비판적으로 읽기

어떠한 사건이나 사물을 항상 다른 시각으로 보도록 노력해야 한다. 내가 생각하지 못한 부분이 있는 것은 아닌지, 놓치고 있는 면이 있는지를 생각하며 다른 사람의 다른 생각을 듣는 것은 더 나은 발전에 있어서 반드시 필요한 절차이다. 그리고 독서를 함에 있어서 이러한 노력은 계속되어야 하고, 또 독서는 이러한 비판적 사고를 가

---

24) 김건우, 『옛사람 59인의 공부산책』, 도원미디어, 2003

능케 한다. 비판적 독서는 모든 것을 당연하게 받아들이는 것이 아니라, 더 나은 방법을 찾게 해준다. 현재의 것을 부정적으로 생각하라는 것이 아니라, 다르게 생각하라는 것이다. 기존의 시각을 인정하지만, 또 새로운 것 역시 만들어져야 한다. 비판적 사고는 창조의 시각이자 시작이다. 즉 비판적 사고가 곧 창의적 사고가 되는 것이다.

비판적 사고를 하기 위해서는 질문을 해야 한다. 질문은 문제를 분해하는 과정이다. 질문은 완벽할 것 같은 상대방의 이론을 하나하나 뜯어보는 분석이 된다. 질문은 해답을 찾아가는 실마리이며, 해결의 시작이다. 어떤 질문을 하느냐에 따라서 얻을 수 있는 답도 달라진다. 질문이 많다는 것은 호기심이 많은 것이고, 호기심이 많은 것은 알고 싶은 것이 많은 것이고, 알고 싶은 것이 많으면 알게 되는 것도 많게 된다. 읽기 능력이 부족한 사람은 자신이 무엇이 궁금한지 모르기 때문에 질문을 못 하는 경우가 많다. 항상 다른 시각으로 보려고 노력하는 것이 좋고, 다양한 책을 읽으면 다양한 시각을 갖기 때문에 질문과 궁금증이 많아진다.

질문을 통하여 답을 구하는 방법으로 가장 유명한 사람은 바로 소크라테스(BC469년 추정~BC399년)다. 소크라테스는 자신이 깨달은 진리를 전달해주는 것이 아닌, 상대방에게 질문을 던져 대화를 이끌었고, 상대방은 그 질문을 통하여 스스로 답을 얻게 하는 방식으로 가르쳤는데, 이를 '소크라테스의 문답법'으로 부른다. 책을 읽으며 스스로 문제를 찾고, 스스로 질문하며 답을 찾는 습관을 들인다면 놀라운 발전을 이룩할 수 있을 것이다.

질문은 해답을 창출하고, 인과관계를 밝히는 작업이다. 질문이라는 화살은 언제나 답이라는 과녁에 꽂힌다. 어떤 질문을 하느냐에 따라서 답의 형태가 달라진다. 많이 질문하는 사람은 많은 해답을 가지게 된다. 질문은 사람을 생각하게 만든다. 쉴 새 없이 쏟아지는 질문은 우리가 가지고 있는 엄청난 양의 정보를 이용하게 만들고, 그것에서 가장 적합한 대답을 이끌어 낸다. 질문은 근본적으로 그 대상을 분석하는 힘을 가지고 있다. 하나하나 나누며, 분석하기도 하고, 다시 큰 부분으로 분류할 수도 있다. 질문이란 이렇게 대상을 현미경으로 자세하게 바라볼 수 있는 과학적 방법이다. 창조는 질문으로부터 나온다. 질문은 다른 사고로의 통로이다. 질문을 통하여 다른 면을 볼 수 있게 된다. 질문하기를 답 찾기보다 더 연습해야 한다. 질문하기는 연구의 중요한 시작이다. 계속 질문을 할 수 있다면, 그 분야에 대가가 될 수 있다. 끊임없는 질문에 답을 찾는 과정이 연구이기 때문이다. 학습이란 기존에 나와 있는 지식을 습득하는 과정이고, 연구란 그것을 토대로 새로운 것을 발견하는 과정이다. 세상을 바꾸는 것은 학습이 아니라, 연구이다. 즉 창조인 것이다. 그래서 학습중심의 학교가 아닌, 연구중심의 학교가 되어야 한다. 연구를 하다 보면 자연스레 학습을 하게 되어 있다. 연구에 필요한 지식을 찾아야 하기 때문이다.

토론하며 읽기

토론할 수 있는 능력은 민주사회를 살아가는 시민의 기본 소양이라고 할 수 있다. 인생을 살아가다 보면 우리는 많은 문제와 부딪히게 된다. 이런 문제들은 다양한 이해관계로 얽히는 경우도 많아 그 문제를 충분히 검토하고, 합의하여 올바른 의사결정을 내려야 한다. 다른 사람의 다른 생각, 다른 가치관 등 다양성은 인정 되어야 하고, 그러기 위해서는 많은 의견을 들어 내가 아닌 상대방의 입장도 생각할 수 있어야 하는데 그것을 가능하게 하는 것 중에 하나가 토론이다.

토론(討論, debate)이란 두 개인 또는 집단으로 나누어 어떤 문제에 대하여 각자의 의견을 내어 그것의 정당함을 논하는 것을 말한다. 자신이 내세운 주장에 대해서는 합리적인 이유를 대고, 상대방의 의견에는 잘못된 점을 찾아 서로 보완하여 합리적이고 민주적인 의사를 결정하는 것이다. 여러 명이 같은 책을 읽고, 서로 각기 가지고 있는 경험이나 감정을 섞어 책 내용에 대하여 이야기하는 것이다. 독서토론을 하게 되면 한 권을 읽은 것 이상으로 많은 것을 생각할 수 있다. 똑같은 한 권의 책을 읽고 자신과 다른 생각을 하는 친구들을 보며 다름을 인정할 수 있게 되고, 다른 사람의 생각을 통하여 자신의 생각을 바로 잡을 수 있게 된다. 또 자신뿐만 아니라 다른 사람의 생각을 존중해주는 민주적인 소양과 비판능력을 키우고, 자신의 생각을 논리적이고 효율적으로 표현할 수 있는 능력을 기를 수 있다. 또 스스로도 읽은 책을 되짚어볼 수도 있고, 자기가 생각하지 못했던 부분도 토론을 통하여 들을 수 있다.

　미국 명문대학들은 이러한 토론수업으로 자연스럽게 토론습관을 몸에 들이게 한다. 한 집안에서 대통령과 상원의원, 그리고 법무부 장관 등 유수한 자녀들을 배출한 케네디가 역시 토론이 일상생활이었는데, 식사를 위해서 식탁에 앉기 전에 어머니인 로즈는 신문, 잡지 등에서 토론 주제가 될 만한 기사를 읽게 하고, 식사시간 동안 토론의 장을 만든 것으로 유명하다. 토론할 때 서로를 존중하고, 상대방의 의견을 경청하고, 자신의 의사를 잘 표현하는 것을 중요시하였다. 로즈는 "세계의 운명은 좋든 싫든 간에 자기의 생각을 남에게 전할 수 있는 사람에 의해 결정된다"라는 말로 토론의 중요성과 토론 훈련을 가르쳤다. 그렇게 자녀들을 토론과 연설의 달인으로 만들었다. 케네디는 많은 위인전기를 읽으며 도전정신을 갖게 되었고 2차 세계대전 중에 쓴 『용감한 사람들』이란 책으로 퓰리처상을 수상하기도 하였다. 이렇게 토론을 하고 나면, 상대 의견을 경청하는 방법이나 자기 의견을 통하여 상대방을 설득하는 연습, 넓은 안목과 올바른 사고력, 호기심과 도전의식을 갖는 데 많은 도움을 주었다고 한다.

　뉴욕타임즈(NYT)는 미국 최고의 학사 과정대학으로 세인트존스칼리지를 꼽았다. 이곳은 뉴멕시코 주 산타페와 메릴랜드 주 아나폴리스에 캠퍼스가 있는 학교로써, 전공도, 시험도 없는 1,000여 명의 재학생이 전부인 대학이다. 학교를 졸업하면 모두 문학사(B.A)를 받는데, 학교 수입은 모두 인문학 고전 100권을 읽고 토론하는 수업이 전부이다. 수업은 학생들을 가르치지 않고, 학생들과 함께 토론을 하는 것이다. 함께 책을 읽으며 고민하고 토론을 한다. 교수가 일방적으로 수업을 한다면 이 수업은 단순히 암기과목이 되었을 것이다. 하지만 토론수업을 진행하면 학생들은 생각하는 법을 깨닫게 된다. 혼자 읽었을 때에 느끼는 의문보다 여럿이 함께 읽고 느끼는 의문은 훨씬 많다. 그리고 그 의문에 대하여 각자 생각하는 답변을 얘기해 보고, 나의 생각과 다른 사람의 생각을 비교해 보며 사고력을 넓힌다. 토론을 통하여 다른 사람에게 말하는 매너와 에티켓을 배우고, 다른 사람을 인정하는 '다름'과 '다양성'을 배우게 된다. 이런 교육을 받은 사람은 부부싸움이나 길거리 싸움은 잘 안할 것 같다.

우리나라에도 토론이 활성화된 적이 있었다. 고려와 조선시대에 임금이 학문이나 기술 등을 연마하고 신하들과 토론하며 국정을 협의하는 경연(經筵)제도가 있었다. 경연을 통해서 서로 의견을 나누고, 다른 사람의 생각을 주고받아 일어날 수 있는 가능성을 예견해 보았고, 서로 배움과 연구에 대한 동기부여를 제공하기도 하였다. 경연은 1390년(공양왕 2)에 서연을 고친 것으로 왕권의 행사를 규제하는 중요한 역할도 하였다. 고려 예종 때 처음 경연을 시작하였으나 그리 활발하지는 않았다. 무신집권 때는 경연이 폐지되기도 하였다. 조선시대에 들어와서 경연은 비약적으로 발전하기 시작하였다. 태조는 경연청을 설치하였고, 세종은 왕으로 즉위한 뒤 약 20년 동안 매일 경연에 참석하였으며, 집현전을 정비해 경연관을 강화하기도 하였다. 세종은 집현전을 설립하여 조선을 학문의 나라로 만들었고, 경연에서도 군주의 모범이 될 만큼 적극적으로 참여하였다. 성종은 조선의 제도를 완성한 군주답게 재위 25년 동안 매일 세 번씩 경연에 참석하였고, 정치와 사회에 일어나는 문제를 협의하여 경연이 정치를 하는데 핵심의 장이 되었다. 세조와 연산군 때 일시적으로 폐지되기도 하였지만 곧 부활되어 고종 때까지 존속하게 되었다.

경연은 왕이 토론을 통하여 공부하는 방법이다. 왕이란 한 나라의 권력의 정점에 서 있는 사람이다. 왕 한사람이 교양과 덕성을 가지지 못하고, 절대권력을 휘두른다면 그 나라 전체는 커다란 혼란에 빠지고, 많은 문제를 야기하게 된다. 그런 왕도 실수를 하고, 그 잘못을 모를 수도 있다. 이를 경연을 통하여 왕 스스로 견제를 한 것인데, 왕인 바로 자신 앞에서 하는 바른 소리를 귀하게 여기고, 또 그러한 행위를 권장했다는 것은 왕으로서도 대단히 깨우친 사람이란 걸 알 수 있다. 실제로 경연이 제도로 정착한 뒤부터 조선은 비약적으로 발전하게 되었고, 태조 23회, 태종 80회에 비하여 세종은 1,898회나 연것은 이를 충분히 뒷받침하고 있다.

강의 방식은 세종과 성종 때에 확립되었는데, 세종 때는 승지 1인, 경연낭청(집현전) 2인, 사관(史官) 1인이 입시(入侍)하였고, 성종은 어린 나이로 왕이 되었을 때부터 하루에 세 번 조강·주강·석강에 참석하였고, 성년이 된 뒤에도 계속하여 새로운 전통이 되었다. 경연의 순서는 왕이 먼저 전 시간에 배운 내용을 한차례 읽고, 강관이 새로 배울 내용을 읽는다. 그다음 왕이 새로 배울 내용을 읽고 강관이 글의 뜻을 강론한다. 이렇게 교재의 원문을 음독하고, 번역과 설명하고 나면, 왕과 다른 참석자들이 질문과 설명을 하며 진행을 하였다 강의가 끝난 뒤에는 정치 문제도 협의하였는데, 대신과 대간이 참석한 조강은 협의체로서의 기능이 컸다.

1894년(고종 31) 갑오개혁 뒤 경연청에 홍문관과 예문관을 합했고, 이듬해 경연청을 없애고 경연원(經筵院)을 신설해 시강 1인과 시독 4인을 두었다. 대표적인 경연관으로는 이이, 기대승, 김우옹, 유희춘 등이 있다. 1897년에는 다시 경연원을 홍문관으로 개칭하였다. 강의 교재로는 『논어』, 『맹자』, 『대학』, 『중용』, 『시경』, 『서경』, 『주역』, 『소학』, 『예기』, 『주례』 등 경서류와 『사기』, 『십팔사략』, 『한서』, 『고려사』, 『자치통감』 등 역사서를 기본서로 썼고, 『성리대전』, 『근사록』, 『소학』, 『대학연의』, 『정관정요』 등도 사용하였다.

이렇게 경연이라는 토론을 통하여 철학과 역사를 공부하고, 왕의 마음과 언행을 성찰하는 자리였다. 철학을 익히면 인간의 존재와 어떻게 살아야 하는지를 생각하게 하고, 진리를 관조하게 하고, 지혜와 학문을 사랑하게 하기 때문이다. 이렇게 인문학적 성찰을 얻어 정치의 요체를 깨닫고, 역사 공부를 통하여 성패와 득실의 교훈을 얻어 나라를 다스리는 임금으로서 겪을 수 있는 시행착오를 줄일 수 있게 되었다. 경연은 학문에서 실무에 이르기까지 폭넓은 주제를 놓고 왕과 신하가 심층 있는 토론을 함으로써 정치를 발전시키는 계기가 되었다.

토론의 방법에는 많은 방법이 있는데, 그중에 브레인스토밍(Brain Storming, 사고들의 폭풍)은 Osborn이 광고의 아이디어를 내기 위해 고안한 방식이다. 독서를 하고 난 후 자유롭게 자신이 가지고 있는 생각들을 거리낌없이 편안하게 말하는 것이다. 브레인스토밍의 목적은 가능한 많은 아이디어를 쏟아 내는 것이 목적이기 때문에 엉뚱하거나 비현실적인 것이라도 상관없다. 그래서 어떤 제안이나 생각에 대한 비판은 절대로 금지되어 있고, 다른 사람의 생각에 덧붙이거나 결합시켜 새로운 것을 말하는 것도 좋다. 토론은 상대방의 말을 경청하고, 자신의 의견을 피력할 수 있는 좋은 방법이다. 토론을 통하여 남을 배려할 수 있는 인성을 배우고, 자신의 생각을 정리하고 말할 수 있는 방법도 연습을 할 수 있다.

독서 후 토론은 책이 가지고 있는 역사적인 의미나, 저자가 살았던 사회의 분위기, 저가가 어려서 받았던 환경 등을 토론하는 등 많은 이야기를 통하여 서로 의견을 나누고, 좀 더 고차원적인 경험을 하는 것이다. 책을 읽고 발견한 독특한 생각이나 새로운 생각을 나누고 이야기해보는 경험은 이후에 사회생활이나 가정을 꾸린 후에도 대화할 수 있는 방법을 배우는 좋은 경험이 된다. 자신의 생각을 조리 있게 이야기할 수 있는 연습과 서로의 의견을 나누면 서로에게 독서에 관한 동기부여를 제공할 수 있다.

독서토론을 많이 할 수 있다면 좋겠지만, 그럴 기회가 많지 않다면 최소 한 달에 한 번은 이루어지도록 해야 한다. 주입식 교육으로 이러한 토론능력이나 발표능력이 키우지 못하면 나중에 가정을 꾸리거나 사회에 나가서도 논리보다 목소리 크기나 폭력으로 문제를 해결하려는 성향을 갖게 된다. 또 토론능력은 여러 명이 다양한 시각으로 한 가지 문제를 분석하는 과정이다. "같은 방법을 반복하면서 다른 결과를 기대하는 것은 미친 짓이다"라고 말한 아인슈타인의 말처럼 한사람이 생각해 낼 수 있는 방법보다 여러 명이서 제시할 수 있는 방법과 해결책이 더 많은 해결책을 내포하고 있다. "담론할 줄 모르는 자는 어리석은 자이고, 담론하려 하지 않는 자는 편협한 자이며, 담론할 용기가 없는 자는 노예이다."라는 카네기 서재에 써 있는 글귀처럼 토론문화를 만들어 개인의 인생과 사회에 발생할 수 있는 많은 문제들을 시로 도우며 함께 풀어가야 할 것이다.

도서관 이용하기

어른들도 집에서 오랜 시간 동안 책을 읽는 것이 쉽지 않다. 하물며 아이들에게는 어떻겠는가. 아이들이 도서관을 이용할 수 있도록 같이 도서관을 이용해 보면, 아이들도 자연스럽게 그 활용빈도가 많아진다. 그래서 스스로 시간이 날 때도, 어려움 없이 도서관에서 시간을 보낼 수 있도록 습관을 만들어 주는 것이 좋다. 아쉽게도 우리나라에는 아직까지 도서관 수가 무척이나 적다.

도서관 가까이 사는 것도 좋은 방법이다. 도서관 주위에 사는 학생들을 보면, 주말이나 쉬는 날에도 도서관에 자주 다니는 것을 어렵지 않게 볼 수 있다. 이들은 자연스럽게 책을 접하는 습관을 갖게 되고, 그럼으로써 책의 중요함을 스스로 깨닫는 경우가 많다. 즉 축복받은 학생인 것이다. 처음에는 그저 남는 시간이어서 그랬지만, 그것이 습관이 되고 나면 틈나는 대로 도서관에서 시간을 보내는 사람들을 많이 보았다. 책을 읽거나 공부하는 습관은 도서관에서 가장 쉽게 들일 수 있다. 도서관 이외의 장소에서 책을 읽거나 공부를 할 때는 한번 쉬게 되면 다시 공부하기에는 많은 유혹들이 있다. 하지만 도서관은 쉬고 나서도 다시 공부할 수 있는 분위기로 연결되어 공부 습관을 들이기에 가장 좋은 장소이다.

도서관은 문자를 만든 이후 수천 년의 경험과 지식이 축적되어 있는 곳이다. 고대 로마시대나 우리나라 규장각 등 도서관은 개인의 발전은 물론 나라의 발전까지 이끌어가는 중요한 곳이다. 2015년 12월 말 기준으로 공공도서관 수는 978개로 독일의 7,757개, 미국의 90,091개보다 턱없이 부족하다. 우리나라는 세계 10대 무역을 하는 엄청난 나라지만, 도서관 수는 세계 50위 밖에 있는 초라한 나라다. 더욱이 지역적 편차가 더 심각해 시골에서는 도서관을 찾기도 힘들고, 이용하기는 더 쉽지 않다. 학교가 있는 곳에는 누구나 들어가기 쉬운 도서관이 있어야 하고, 도서 소장에 더 많은 노력을 기울여야 한다. 하나의 마을에 반드시 하나의 도서관이 있도록 해야 한다. 도서관을 운영할 만한 예산이 없다면, 학교의 도서관을 이용할 수 있도록 지자체나 정부가 힘을 써야 한다. 또 도서관을 중심으로 하나의 공동체가 이루어져야 하고, 네트워크가 생겨나야 한다. 도서관은 그 마을에서 문명의 근원이 된다. 주말에 시간이 생기는 학생들이 도서관에서 사람들을 만나고, 책을 읽고, 무언가를 배울 수 있는 시스템이 된다면 도서관에서 자신의 관심사를 찾을 수 있고, 자신의 미래를 설계하고, 계속하여 자신의 일을 발전시킬 수 있은 것이다.

또 도서관에 멀티미디어를 만들어 정보활용능력을 키워주어야 한다. 활자에서 느낄 수 있는 지루함을 영상과 전자매체로 동기부여 해줄 수 있어야 하고, 정보화 교육으로 새로운 차원의 교육을 만들어야 한다. 독서 이력을 위해서 도서 대출 프로그램을 하나로 연동해서, 어려서부디 빌린 책들의 목록을 나이가 먹어서도 찾아볼 수 있는 전산프로그램을 정부차원에서 만들어야 할 것이다. 그래서 초등학교 때 도서관에서 빌린 책이나, 시립 공공도서관에서 빌린 책들을 한눈에 볼 수 있도록 전산화하여 독서에 대한 흥미를 계속토록 유지시켜야 한다.

아침 독서하기

아침에 일어나 일과를 시작하기 30분 전에 일어나 책을 읽도록 하자. 아침에는 지식서보다 수필서를 읽으면 하루의 의지를 만들어 마음가짐을 새롭고 즐겁게 할 수 있다. 30분간의 아침 독서가 익숙해지면, 30분이 긴 시간이 아니란 것을 느끼게 될 것이다. 그런 다음 시간을 1시간으로 늘리고, 지식서를 읽어 당신의 일에 전문성을 가져라. 당신이 학생이라면 공부 시작 전에 반드시 30분간 수필서를 읽고 시작해라. 어떤 선생님이나 부모님은 공부를 하여야 할 시간에 책을 읽는다고 뭐라 하는 경우가 있는데, 그것은 옳지 않다. 학교공부는 미시적이고, 단기적이지만 독서는 거시적이고 장기적이다. 인생을 설계하고, 동기를 부여하고, 힘차게 밀고 나가기 위해서는 수필서 읽기가 꼭 필요하다.

수필서 중 심리학책은 타인뿐만 아니라 자신도 알게 해준다. 『논어』, 『맹자』 등 고전은 우리가 어떤 삶을 살아야 하는지 삶의 방향을 가르쳐 준다. 그리고 삶에서 힘든 일을 만나면 어떻게 대하여야 하는지도 가르쳐 준다. 결국 당신은 당신이 어떤 책을 읽느냐에 따라서 당신의 성격도 바꿀 수 있고, 사고방식과 지적수준, 그리고 결국에는 인생도 바꿀 수가 있다. 그렇게 좋은 말들을 보고, 들을 수 있는 곳은 결국에는 책이기 때문이다. 직장인이라면 출퇴근 시간에 책을 들고 회사에 나서라. 출퇴근 시간은 당신에게 보장된 독서시간이다. 아침독서는 당신을 일상에서 벗어나게 해줄 것이다. 당신의 생각을 일상이 아닌 독서의 세계로 끌어들여 스트레스를 벗어나게 해줄 것이기 때문이다.

자투리 시간으로 읽기

독서란 시간이 날 때 읽는 것이 아니라, 시간을 내서 읽어야 하는 것이다. 독서는 사람의 마음과 정신을 치유해 주고, 건강하게 해주고, 단단하게 한다. 이러한 책을 가까이하지 않으면 정신과 마음에 병이 생기기 쉽다. 정신의 면역력이 약해지기 때문이다. 따라서 독서는 시간이 날 때 읽는 것이 아니라, 반드시 시간을 내서 읽어야 한다. 그래야 정신을 강하게 만들 수 있고, 마음의 병에 대한 면역력이 높아진다. 그러기 위해서는 손에서 항상 책을 들고 다녀야 한다. 읽지 않아도 좋다. 학교를 갈 때도, 학교에서 올 때도, 직장에 출퇴근하거나, 누군가 약속에 나갈 때도 책을 들고 다녀야 한다. 손에 책이 있으면 보게 된다. 길을 건너다 신호등에 신호대기에 서게 되거나, 약속시간에 먼저 나와서 누군가를 기다릴 때에도, 친구가 약속시간에 늦을 때에도 그 시간이 전혀 아깝지 않게 된다.

에스컬레이터에 설 때도, 하물며 걸어 다니면서도 책을 읽을 수 있다. 물론 걷게 되면 글이 흔들려 잘 읽을 수 없지만, 책이 정리가 되어 밑줄이 쳐있거나, 형광펜으로 칠해져 있어서 암기를 해야 할 부분이라면 한 번 읽고 걸으면서 중얼중얼 암기하며 걸을 수 있다. 엄마의 심부름을 갈 때에도, 화장실 갈 때도, 그렇게 1분, 5분을 아껴 읽는 버릇이 생기면 짧은 자투리 시간도 아끼는 습관이 생긴다. 잠을 줄이면 몸의 스트레스가 쌓여 장기적으로 병이 생길 수 있다. 잠을 줄여서 시간을 벌지 말고, 6시간~7시간 충분히 잠을 자고, 낮 시간에 쓸데없이 버려지는 자투리 시간을 찾아보아라. 그러면 좋은 독서습관이 생길 것이다.

워렌 버핏은 매일 매일 깨어 있는 시간에서 3분의 1 이상 책을 읽어 왔으며, 다른 보통 사람의 5배 이상을 책을 읽었다고 한다. 분명 무언가 뛰어난 사람은 보통사람과 다른 면이 있고, 그들의 공통점은 바로 독서다. 워렌 버핏에게는 남들보다 더 긴 하루를 보낸 것이 아니다. 낮 시간의 자투리 시간을 최대한 활용한 것이다. 또 모든 조직의 리더들은 모두 엄청난 독서가이며, 그러한 리더가 되고 싶다면 반드시 책을 읽어야 하는 것은 당연한 일이다. 조직 밖의 외부 상황은 어떤지 알아볼 수 있는 통찰력과 대응력, 그리고 팀원들을 일사불란하게 움직이게 할 수 있는 리더십은 책 없이는 키울 수 없는 능력이다. 그러기 위해서는 남아지는 모든 조각시간들을 모아라. 꼭 보답이 올 것이다.

관심 분야를 만들고, 그 분야에서 100권 읽기

자신의 관심 분야를 만들어라. 그리고 그 분야의 책을 찾아 읽어라. 그 분야의 지식이 쌓여갈수록 당신은 재미가 더해질 것이다. 독서는 목표를 더욱 뚜렷하게 해준다. 책은 길을 만들어 주고, 갈 길을 알려준다. 목표가 당신의 인생을 설레게 만들 것이다. 우리가 적성을 못 찾고 무엇을 할지 모르는 것은 어떠한 분야에도 깊은 지식이 없기 때문이다. 지식은 관심을 불러일으킨다. 무엇을 해야 할지, 무엇을 잘하는지 모른다면 한 가지 분야를 정하고 그 분야의 책을 100권 이상 읽어 보아라. 시간이 지날수록, 지식이 쌓일수록 그쪽에 흥미를 느끼게 될 것이다.

특정한 분야에 관련된 책을 100권 읽으면, 당신은 그 분야의 전문가 집단에서 10% 안에 들 수가 있다. 한 분야의 전문성을 키우면 그 분야에 대한 안목을 키울 수 있다. 미래를 예측할 수도 있고, 통찰력이 생긴다. 그 다음 다른 분야의 책을 읽으면, 원래 분야에 응용력이 생긴다. 물리학을 기계공학에 접목 할 수도 있고, 심리학을 법학에 이용할 수도 있다. 한 분야를 정하고 독서를 늘려 보아라. 어떤 한 분야나 한 주제를 정하고, 그 분야에 관련된 책을 수집하고 책을 읽으면 연구능력이 생긴다. 기존에 있는 지식을 배우는 것이 학습능력이라면, 기존의 지식을 통하여 새로운 지식을 만들어 내는 것은 연구능력이다. 연구능력은 새로움을 창조하는 것이고, 기존지식을 통하여 새로움을 유추하고 발전시키는 것이다.

우리의 학교 교육은 보통 학습능력을 키우는데서 멈추는 것이 일반적이고, 대학원의 석사와 박사과정에서 연구능력을 배우게 된다. 대학원과정에서는 한 분야에 중점적으로 논문을 살펴보게 하고, 그 분야를 심도 있게 살펴보도록 하게 한다. 하지만 이것을 좀 더 이른 나이에 깊이 있는 연구를 해본 경험이 있게 되면, 그 이후에도 그러한 일을 어렵지 않게 할 수 있게 된다. 어떤 분야에 연구를 하다 보면 자연적으로 그 분야에 기존 지식을 찾게 된다. 그러한 과정에서 자연스럽게 학습능력도 길러지는 것이고, 이때 얻은 기존지식은 필요에 의하여 학습된 것이기 때문에 재미있고, 잘 잊어버리지도 않는다.

좋아하는 저자 만들기

자신이 좋아하는 책이 발견되면 그 저자의 다른 책을 읽어 보아

라. 그 저자의 다른 책들도 재미를 느끼게 될 것이다. 또 그 책이 언급하거나 추천하는 책을 읽으면 또 다른 흥미를 느끼게 될 것이다. 그리고 좋아하는 사람의 책을 모아 보아라. 집안에 책이 많으면 하고 싶은 일이 많아진다. 책은 언제나 우리에게 자신을 읽어달라고 손짓한다. 읽었던 책들의 제목만 눈에 띄어도 책의 내용이 생각이 난다. 책은 언제나 우리에게 과거를 회상케 한다. 좋아하는 저자의 책을 읽다 보면 그 사람에 대하여 궁금해진다. 그 사람은 어떤 공부를 했고, 어떤 환경에서 자랐는지 또 그는 어떤 일을 하는지에 대하여도 알고 싶어진다. 그러면서 어느덧 자신의 친구가 되어 있고, 그를 닮아 가고 있다. 좋아하는 저자의 책을 모으는 것은 그 사람을 멘토로 삼는 것과 같다.

의문나는 점 찾기

책은 어떤 사람이 그 사람의 생각을 적은 것이다. 그래서 자신과 생각이 모두 같을 수는 없다. 그러면 그 부분에 대하여 질문을 하도록 해야 한다. 저자는 왜 그런 생각을 하는지, 다른 사람의 생각은 어떤지를 들어 보는 것은 그 사람의 통찰력을 배우는 것과 같다. 그래서 책을 혼자 읽는 것보다 다른 사람과 함께 읽는 것이 의견을 나누기에 좋다. 다른 사람과 함께 읽으며 더 깊고, 더 넓게 이해할 수 있기 때문이다.

의문을 찾아라. 그리고 스스로 질문해라. 자신과의 대화를 통해 생각한다. 다른 사람에게 질문할 수 없다면, 스스로 질문을 하고 그 답을 찾아보아야 한다. 그것이 바로 사색이다. 그리고 연구이다. 왜 그런 결과가 나왔는지, 그 원인이 무엇인지 인과관계를 밝히고, 다른 영향은 무엇인지를 스스로 공부하는 것이다. 이러한 연구능력을 갖춘 사람은 스스로 무언가를 창조할 수 있다. 우리가 학습을 통하여 배워야 하는 최종의 태도가 바로 연구능력을 기르는 것이다. 성호 이익이 독서를 할 때 생각이 떠오르는 것을 기록하는 것과 책의 내용을 서로 토론하는 것을 중요시한 것처럼 말이다.

필사하고 책 쓰기

말을 많이 하는 사람은 재치가 있고, 독서를 많이 하는 사람은 지식이 풍부하고, 글을 쓰는 사람은 치밀해진다. 어느 한 분야에 대하여 일가를 이루면 후세를 위하여 책으로 남겨봐라. 그러면 그 책을 읽은 독자는 더 자신의 능력을 키워 청출어람을 할 것이고, 그 후세를 더욱 발전시킬 수 있는 중간다리 역할을 하게 될 것이다. 그러기 위해서는 읽은 내용 중에 중요하거나 기발한 생각은 필사를 하고, 자신의 생각을 덧붙여 기록하는 습관을 가져야 한다. 시간과 노력이 필요한 일이지만 5년, 10년이 지나면 자신도 모르게 훌륭한 책이 완성되어 있을 것이다.

필사 즉, 메모는 생각을 이어준다. 내가 깨달았던 기발한 생각을 메모하게 되면, 다음 그것을 읽을 때에는 그 윗단의 사고를 만나게 된다. 메모한 생각들은 당신이 다음번에 만들어 낼 기발한 아이디어를 제공하게 될 것이다. 가장 좋은 책은 당신이 읽은 것들에서 얻은 좋은 생각들을 모아놓은 기록이다. 당신이 필요하다고 느낀 것들을 기록하였기 때문이다. 아인슈타인이나 뉴턴, 정약용과 이이 등 그 누구 하나 기록을 하지 않은 위인은 없다. 모두 다 자신만의 노트를 만들고, 자신의 생각을 적어 본인의 사고를 더욱 발전시켰다. 기록은 당신을 더욱 발전시키는 계기가 될 것이다.

학창시절에 독서습관 들이기

학창시절은 우리 모두에게 공부하도록 보장된 시간이다. 하지만 사회에 나오면 무언가 자신을 시험하고, 테스트하기가 쉽지 않다. 즉 독서 같은 새로운 실험을 하는데 시간이 충분치 않다. 따라서 책을 읽는 습관을 들이기에는 학창시절이 가장 좋다. 청소년 시기에 반드시 독서의 즐거움을 배워야 한다. 이때 한번 알게 된 독서의 즐거움과 중요성은 평생 당신을 따라다닐 것이다.

인간의 행동 중에서 95%는 습관에 의하여 반복된다고 한다. 즉 우리의 행동은 일종의 습관이라는 패턴에 의하여 이루어지는데, 습관은 어떤 행동을 커다란 어려움 없이 반복한다. 그리고 그것은 무의식이 지배한다. 즉 의식적으로 무언가를 행동하지 않으면 무의식적으로 습관이 그의 행동을 반복하게 한다는 것이다. "처음에는 우리가 습관을 만들지만, 나중에는 습관이 우리를 만든다"는 존 드라이든의 말처럼 의식적으로 무언가를 반복하면, 무의식적으로 습관이 형성된다. 책 읽는 습관이나 공부하는 습관 역시 처음에는 5분, 10분처럼 짧은 시간 반복하고 나면, 나중에는 습관처럼 오랜 시간, 그리고 틈나는 대로 책을 읽고 공부할 수 있게 된다. 나에게도 좋은 습관이 하나 있다. 나는 새벽 4시쯤 되면 자연스럽게 눈이 떠진다. 특별하게 전날 늦게 잠자리에 드는 날이 아니면, 나의 기상 시간은 새벽 4시에서 4시 30분을 넘지 않는다. 이러한 습관은 나에게 적지 않은 시간의 자유를 느끼게 해준다. 그래서 더욱더 나에게 값지고 즐거운 시간이다. 처음에 새벽에 일어나는 일은 고역이었다. 한참 자 왔던 시간에 일어나려면 특별하고, 오랫동안 결심을 해야 한다. 그리고 몸에 배어있던 잠자는 시간의 습관을 고치기 위해서는 1년 정도의 시간이 필요했다. 그 1년이 지나면서 새벽 기상은 나에게 자연스러운 습관이 되었다.

> 우리는 우리가 반복적으로 하는 행동의 결과 그 자체이다.
> 그리고 그것은 사실 행동이 아니라 습관이다.
>
> —아리스토텔레스

다독과 정독, 묵독과 음독 모두 사용하기

어떤 분야에 목적을 갖고 책을 읽다 보면 자연스럽게 많은 글들을 접하여 다독이 되고, 그 과정 속에서 크게 자신에게 필요하지 않다고 생각되는 분야는 스킵하게 된다. 다독은 지식의 데이터를 얻는다면, 정독은 그러한 지식을 분석하는 과정이다. 정독을 통하여 충분히 생각하게 되고, 스스로 묻고 답하는 과정에서 문제와 해결하는 능력을 키우게 된다. 스스로에게 문제를 내는 과정은 논점을 만들어 내는 과정이다. 중요한 포인트를 찾는 과정이어서 스스로에게 묻는 과정은 사고하게 만든다. 그리고 해결되지 않는 것에 대하여는 다른 사람은 어떻게 생각하는지 같은 길을 가는 사람에게 묻기도 한다.

또 묵독은 빨리 읽을 수는 있지만, 시끄러운 데나 어려운 문장에서는 집중력을 발휘하기가 쉽지 않다. 반대로 음독은 천천히 읽게 되지만, 암기에는 정말 효과가 좋다. 또 난이도 있는 문장이나, 잘 이해가 되지 않는 문장은 소리 내어 반복적으로 읽으면 그 효과가 좋다.

책을 많이 읽으면 저절로 그 속도가 빨라진다. 글자를 자주 보고, 그 문자가 가지고 있는 의미를 자주 생각하다 보면 연상하는 속도가 빨라지기 때문이다. 그래서 굳이 빨리 읽는 속독법을 배울 필요는 없다. 하지만 궁금해하는 사람들이 있기 때문에 속독법을 적어 보겠다.

속독 훈련 방법

① 눈동자 움직이기

책과 눈의 거리를 약 30cm 정도 되게 띄운 다음, 목은 움직이지 않고 눈동자를 움직여 책을 읽는다. 눈을 '강-약-약-약'처럼 초점을 4곳으로 율동적으로 움직이며 눈으로만 읽는다. 처음에는 눈동자가 머무르는 시간을 길게 하고, 점점 짧도록 연습을 한다. 하루에 30분정도 훈련을 하다보면 1주일 후에는 200자 정도 빠르게 읽는 것을 느끼게 될 것이다.

② 초점 줄이기

처음에는 '강-약-약-약'으로 4~6군데를 초점으로 잡던 것을 2~3곳으로 줄여서 '강-약-약' 또는 '강-약'으로 점점 그 초점의 수를 줄인다. 그렇게 되면 한눈에 글자가 많이 들어오게 되면서 글을 읽는 속도가 빨라진다. 빠르게 내용을 파악하는 방법인데, 읽기에 숙달되면 속독도 능해진다. 속독 훈련은 읽기에 강약을 두는 것이다. 책의 한 행을 읽을 때 눈동자를 한번에 4~5글자를 한.묶음으로 읽는 것이다. 4~5글자씩 한눈에 보고 잠시 머물렀다가 다음으로 넘어 가는데, 이것이 숙달되면 7~8글자, 그다음은 한 번에 더 많은 글자를 눈에 읽게 한다.

※예시) 『맹자』 중에서

-1단계

현자를 ■존중하고 ■능력 있는 ■사람을 ■기용해서 ■덕과 ■재능이 ■뛰어난 ■사람이 합당한 ■지위에 ■있게 되면, ■천하의 ■선비가 ■모두 기뻐하며 ■그 나라의 조정에서 ■벼슬하기를 ■원할 것이다.

−2단계

현자를 존중하고 ■능력 있는 ■사람을 기용해서 ■덕과 재능이 ■뛰어난 사람이 ■합당한 지위에 ■있게 되면, ■천하의 선비가 ■모두 기뻐하며 ■그 나라의 ■조정에서 벼슬하기를 ■원할 것이다.

−3단계

현자를 존중하고 능력 있는 사람을 ■기용해서 덕과 재능이 ■뛰어난 사람이 합당한 지위에 있게 되면, ■천하의 선비가 모두 기뻐하며 ■그 나라의 조정에서 ■벼슬하기를 원할 것이다.

처음에는 읽는 범위가 좁지만, 독서가 익숙해지면서 점점 그 범위가 넓어진다. 다만 평소에 익숙하지 않은 어려운 단어가 나오면 읽는 속도가 늦어진다. 속독훈련 하다 보면 문자를 읽기만 하고 이해를 못하게 되는 경우가 많다. 독서의 의미는 글을 읽고 이해하는 것이 목적이기 때문에 이해 없이 그저 눈으로 활자만을 쫓는 것은 의미가 없다고 볼 수 있다. 그리고 글을 많이 읽으면 자연스럽게 읽는 속도가 빨라지니 속독을 일부러 배울 필요는 없을 것 같다.

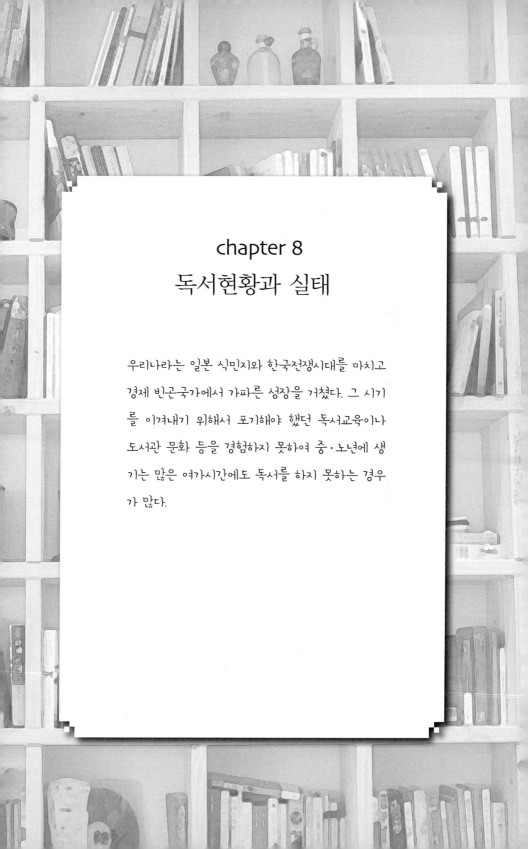

chapter 8
독서현황과 실태

우리나라는 일본 식민지와 한국전쟁시대를 마치고 경제 빈곤국가에서 가파른 성장을 거쳤다. 그 시기를 이겨내기 위해서 포기해야 했던 독서교육이나 도서관 문화 등을 경험하지 못하여 중·노년에 생기는 많은 여가시간에도 독서를 하지 못하는 경우가 많다.

얼굴이 잘생기고 못생긴 것은 운명 탓이지만,
독서나 독서의 힘은 노력으로 갖추어질 수 있다.

-셰익스피어

　다음은 2015년도 '해외 주요국의 독서 실태 및 독서문화진흥정책 사례 연구'[25]와 2013년도 OECD의 주도로 수행된 '국제성인역량조사(PIAAC, Programme for the International Assessment of Adult Competencies)', '2015년 독서진흥에 관한 연차보고서'를 분석하고 요약한 자료이다.

---

25) 김은하 대표(책과교육연구소)와 이태문 교수(일본 게이오대학)가 2015년도 문화체육관광부의 지원으로 수행된 연구.

독서율

국제성인역량조사(PIAAC)에 따르면 우리나라 국민들의 1년 동안 한 권 이상 책을 읽은 독서율은 74.4%로 조사국 중에 중간(OECD 평균 76.5%)보다 약간 아래 정도에 해당한다. 책에는 종이책과 전자책, 만화를 모두 포함하며, 업무에 필요한 교재나 학업 관련 교과서와 수험서를 제외한 소설이나 교양서를 포함하였다.

독서율 국제 비교

스웨덴	85.70%
덴마크	84.90%
핀란드	83.40%
노르웨이	83.20%
영국	81.10%
미국	81.10%
독일	81.10%
호주	78.70%
캐나다	77.00%
평균	76.50%
프랑스	74.70%
대한민국	74.40%
네덜란드	73.60%
폴란드	73.60%
일본	67.00%
벨기에	65.50%
스페인	65.20%
이탈리아	63.60%

〈출처〉 해외 주요국의 독서 실태 및 독서문화진흥정책 사례 연구

독서율 국제 비교표에서 알 수 있듯이 책을 읽는 비율은 스웨덴, 덴마크, 핀란드, 노르웨이, 영국, 미국, 독일 등이 80% 이상의 독서율을 보이고, 상위의 나라들이 대부분 북유럽에 위치하고 있는 나라들이다. 대한민국은 OECD 국가들의 평균보다 조금 낮은 74.4%를 보이고 있고, 일본과 벨기에, 스페인 등이 낮은 독서율을 보이고 있다.

독서율 변화 추이(성인)

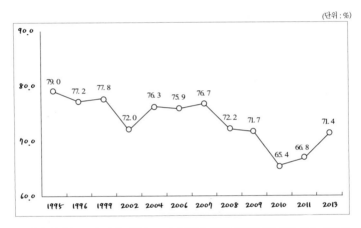

- 연간 독서율: 조사 시점 기준으로 지난 1년간 일반 도서를 1권 이상 읽은 사람의 비율. 종이책 독서율 기준.

〈출처〉 한국출판연구소·문화체육관광부, 국민독서 실태조사, 각 년도

한국출판연구소가 2년마다 실시하는 전국 19세 이상 성인 남녀 5천 명과 초·중·고등학생 3천 명을 대상으로 실시한 '2015년 국민독서 실태조사'26)에 따르면, 조사 기간(2014년 10월~2015년 9월)을 기준

---

26) 문화체육관광부, 〈2015년 국민실태 조사〉, 한국출판연구소

으로 2013년과 비교하면 독서량은 2년 전과 비슷한 9.1권, 성인 독서율은 6.1% 감소했다. 즉 1년간 1권 이상의 일반도서(교과서·참고서·수험서·잡지·만화를 제외한 종이책)를 읽은 사람들의 비율, 즉 연평균 독서율은 성인 65.3%, 10명 중 3.5명은 1년간 단 한 권의 책도 읽지 않은 것으로 나타났다. 즉 한국인 세 명 중 한 명은 1년동안 책을 단 한 권도 읽지 않는 것이다. 더 심각한 것은 해가 갈수록 독서인구 비중은 점점 더 줄어들고 있다.

또한 성인의 연평균 독서량(9.1권)과 독서시간(평일 22.8분, 주말 25.3분)은 2년 전에 비해 감소 추세를 나타냈고, 2013년에 비해 독서량은 0.1권, 독서시간은 평일 0.7분, 주말 0.5분 각각 감소했다. 전체 평균 독서량은 2년 전과 비슷하지만, 독서자 기준 평균 독서량은 2013년 12.9권에서 2015년 14.0권으로 증가했다. 이는 전체 독서인구(독서율)는 감소한 반면 책을 읽는 사람은 더 많은 책을 읽었기 때문인 것이라고 발표되었다. 학생의 연평균 일반도서 독서량은 29.8권으로 2년 전에 비해 2.5권 감소하였고, 초·중·고 순으로 학년이 올라 갈수록 독서율도 감소하는 것으로 나타났다.

우리나라 국민의 독서율은 OECD 평균과 비슷하지만, 한 달 평균 독서량은 0.8권으로 미국 6.6권, 일본 6.1권, 프랑스 5.9권, 중국 2.6권 등에 비해 상당히 낮고, 독서량도 세계 166위로 하위권에 속한다. 또 우리나라 국민들은 매일 읽는 독서 습관 비중이 OECD 조사 국가 중 가장 낮은 것으로 나타났다. '매일 독서한다'는 비교국의 평균은 20.2%인 반면 우리나라는 8.4%에 불과했다.

공공도서관 이용률도 선진국의 절반 이하 수준이며, 도서관 사용
도 책 읽는 곳이 아니라 공부하는 곳으로 이용하고 있다. 또 지역별
독서율과 공공도서관 이용률 등 주요 독서지표를 분석한 결과에 따
르면 성인의 경우에는 상대적으로 대도시에 비해 중소도시 및 읍면
지역 거주자들의 독서지표가 대부분 취약한 것으로 나타났다. 16개
광역 지자체별로는 서울, 인천, 대전, 대구, 제주의 독서지표가 평균
치 이상의 결과를 나타낸 반면, 광주, 충남, 전북, 전남, 경북, 경남
등은 주요 독서지표가 저조한 것으로 나타나 지역 간 격차가 컸다. 게
다가 국가도서관통계시스템 현황 분석 결과에서 지자체별 공공도서
관 도서구입비가 2014년 604억 원에서 2015년 550억 원으로 약 54
억 원 감소된 것으로 나타나 도서관 이용활성화 및 독서지표 향상을
위해서는 도서구입비 확대가 필요한 것으로 분석됐다.

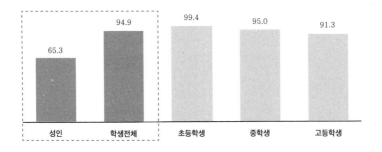

독서 빈도 비교

다음 표는 평소 책 읽기를 얼마나 자주 하느냐의 질문에 '전혀 하지 않는다/ 몇 달에 한 번 한다/ 한 달에 한 번 한다/ 일주일에 몇 번 하나 매일은 아니다/ 매일 한다' 중 하나로 답변한 표이다.

독서 빈도 국제 비교

구분	전혀	몇 달에	한 달에	일주일에	매일
스웨덴	14.30%	20.70%	14.10%	24.80%	26.10%
덴마크	15.10%	20.10%	13.70%	22.10%	28.90%
핀란드	16.60%	28.70%	17.10%	21.40%	16.20%
노르웨이	16.80%	23.40%	14.30%	22.60%	22.90%
영국	18.90%	18.30%	11.00%	19.20%	32.60%
미국	18.90%	20.70%	13.30%	20.20%	26.90%
독일	18.90%	23.30%	13.40%	22.70%	21.70%
호주	21.30%	20.60%	15.00%	23.90%	19.10%
캐나다	23.00%	19.70%	11.90%	19.20%	26.20%
평균	23.50%	22.10%	14.30%	19.90%	20.20%
프랑스	25.30%	22.70%	12.00%	16.90%	23.00%
대한민국	25.60%	23.10%	26.20%	16.70%	8.40%
네덜란드	26.40%	23.40%	14.20%	19.80%	16.30%
폴란드	26.40%	26.20%	17.00%	18.40%	12.00%
일본	33.00%	26.20%	15.70%	15.10%	10.00%
벨기에	34.50%	24.00%	12.80%	15.20%	13.50%
스페인	34.80%	17.30%	10.40%	15.20%	22.30%
이탈리아	36.40%	18.80%	11.30%	17.30%	16.20%

〈출처〉 해외 주요국의 독서 실태 및 독서문화진흥정책 사례 연구

조사에 따르면 우리나라 국민은 매일 책을 읽는 독자의 비중이 조

사 국가 중에서 가장 낮았다. 하지만 한 달에 한두 번 읽는 독자의 수가 가장 많다. 매일 읽는 독자는 8.4%(OECD 평균 20.2%), 일주일에 몇 번 읽으나 매일 읽지는 않는 독자는 16.7%(OECD 평균 19.9%), 한 달에 한두 번 읽는 독자는 26.2%(OECD 평균 14.35%), 몇 달에 한 번 읽는 독자는 23.1%(OECD 평균 22.1%)이다.

매일 읽는 독자와 일주일에 몇 번 읽는 독자를 습관적 독자라고 하고, 한 달에 한두 번 읽거나 몇 달에 한 번 읽는 독자를 간헐적 독자라고 하면, 우리나라는 습관적 독자의 비율이 25.1%(OECD 평균 40.1%)로 상당히 낮고, 간헐적 독자의 비율이 49.3%(OECD 평균 36.4%)로 높다. 우리나라와 일본은 습관적 독자의 비율이 25.1%로 조사국 중 가장 낮다. 한국과 독서율이 비슷한 캐나다, 프랑스, 네덜란드와 비교를 하면 습관적 독자의 비율이 현저히 낮은 것을 알 수 있다. 즉 대한민국 국민의 독서율은 조사국 중에서 평균과 비슷하지만, 매일 읽거나 일주일에 몇 번 읽는 습관적 독자는 매우 적고, 한 달에 한두 번 읽는 간헐적 독자가 많은 것을 알 수 있다.

연령별 독서율과 독서 빈도 비교

-한국인의 연령별 독서 빈도와 독서율

구분	전혀	몇 달에	한 달에	일주일에	매일	독서율
16~24세	12.60%	22.00%	31.40%	24.70%	9.30%	87.40%
25~34세	14.90%	26.40%	30.90%	19.20%	8.50%	85.10%
35~44세	18.60%	28.20%	26.90%	15.80%	10.50%	81.40%
45~54세	31.20%	22.10%	25.40%	13.80%	7.50%	68.80%
55~65세	49.00%	15.70%	17.00%	12.00%	6.30%	51.00%

〈출처〉 해외 주요국의 독서 실태 및 독서문화진흥정책 사례 연구

우리나라 16~24세의 독서율은 87.4%(OECD 평균 78.1%)으로 조사국 중 가장 높다. 25~34세는 85.1%, 35~44세는 81.4%, 45~54세는 68.8%, 55~65세는 51%이다. 연령이 높아지면서 독서율이 점점 하락하는데, 45세 이후 급감하여 55~65세의 독서율은 조사국 중 가장 낮다. 한국은 독서율의 연령별 차이가 36.4%p로 조사국 중 가장 크다. 55~65세 연령대의 독서율은 OECD 평균보다 22.9%p 낮고, 우리나라 전체 독서율 평균을 떨어뜨리는 요인이 된다. 55~65세 연령대는 습관화된 독자의 비율도 20% 이하(OECD 평균 41.8%)로 월등하게 낮다. 이는 1990년대 학교 수업에서도 책을 교재로 활용하는 사례가 늘어났고, 숙제, 수행평가, 입시 등에서 독서가 강조되었기 때문이라고 보고 있다. 또 한국의 45~54세는 1960년대에 태어나 70~80년대에 학교를 다녔던 베이비부머들인데, 이들은 학교를 다니는 학령기에 교과서로만 수업을 들었고, 독서는 단지 취미로 개인적으로만 이루어졌고, 학교에서의 독서지도는 거의 없던 시기이다. 또 청소년 도서의 출판도 매우 적었고, 공공도서관의 수도 적었고, 또 이를 이용한 경험이 거의 없었다.

우리나라는 일본 식민지와 한국전쟁시대를 마치고 경제 빈곤국가에서 가파른 성장을 거쳤다. 그 시기를 이겨내기 위해서 포기해야 했던 독서교육이나 도서관 문화 등을 경험하지 못하여 중·노년에 생기는 많은 여가시간에도 대부분 독서를 하지 못하고 있다. 출판 강국인 영국과 독일의 경우는 우리와 반대로 중·노년의 독서가 젊은 세대의 독서율보다 높아 오히려 젊은 층을 대상으로 독서진흥운동을 활발하게 벌이는 것과는 대조적이다.

한국인의 성별·연령별 독서율을 여성이 남성보다 약 9% 높다. 또 소설이나 교양서를 제외한 학업 및 업무와 관련된 책 읽기를 하는 독자비율이 전 인구의 49.49%로 조사국 중 가장 높다. 매일 읽거나, 일주일에 몇 회 읽는 습관적인 독자의 비율도 가장 낮다.

주요국의 독서진흥정책과 활동의 공통점

본 연구에서 살펴본 미국, 영국, 핀란드, 프랑스, 일본 5개국은 모두 공통적으로 국가적차원에서 독서진흥정책을 펼치고 있다. 그러나 독서진흥정책을 담당하는 정부의 기관이나 실행의 방식에는 차이가 있다. 5개국이 공통적으로 중앙 및 지방정부는 학교와 도서관을 통해 독서교육 및 독서문화진흥 사업을 시행한다. 프로그램의 기획과 주관은 도서관의 사서, 학교의 교사, 독서 관련 민간단체, 독서진흥 프로젝트 기획자에 위임하고, 정부는 창의적인 프로젝트를 선별하여 재정을 지원하거나 행정적 협력(행정부 안팎의 협력, 법령 개선, 국영방송 및 신문의 협력)에 집중한다.

일본을 제외한 4개국의 학교 수업에서 교과서는 교재의 하나로, 교과서가 아닌 단행본 책을 교재로 수업이 진행되는 경우가 많다. 핀란드나 영국은 정부가 관여하는 교과서가 전혀 없고, 프랑스는 초등만 지방자치단체가 인정교과서 목록을 제공하고, 중등은 완전 자유발행제이다. 미국은 교과서 인정제를 시행하는 주가 전체의 절반, 자유발행제를 시행하는 주가 절반이다. 교사들은 그림책, 소설 및 교양서 등 단행본을 수업의 교재로 다양하게 활용한다.

주요국은 대부분 어린이를 위한 여름방학 독서프로그램, 유아에게 책 읽어주기, 방과 후 프로그램, 어린이와 청소년 및 성인을 위한 독서 동아리, 저자와의 만남, 영화 상영, 전시, 매체 읽기를 위한 컴퓨터 테크놀로지 사용법, 이민자를 위한 언어 및 시민교육, 소외계층을 위한 책 나누어주기, 읽기 부진아를 위한 프로그램을 공통적으로 시행하고 있다. 세계화의 추세에 따라, 다른 국가에서 성공한 프로그램을 자국 사정에 맞게 수정하여 실시하는 사례가 늘고 있다. 북스타트, 리딩 리커버리, 개에게 읽어주기, 독서의 해, 한 도시 한 책 읽기 등은 그러한 확산의 사례이다.

미국의 독서진흥정책과 활동

미국은 약 3억 2천만 명(2014년)의 인구가 살고 있고, 이민자가 많은 다인종, 다민족 국가이다. 백인이 62%, 히스패닉이 17%, 흑인 및 아프리칸 미국인이 12%, 아시아인이 5% 정도이고, 2015년 미국 GDP(국내총생산)는 18조 달러로 일등한 세계 최강국이다. GDP 2위인 중국(약 11조 4천 달러), 3위 일본(약 4조 달러), 4위 독일(약 3조 3천 달러)의 총합과 비슷하다. 1인당 GDP는 54,629달러(2014년, OECD)이고, 미국인의 독서율은 80.1%로 조사국 중 상위권이다. 독서 빈도를 살펴보면, 매일 읽는다가 27%, 일주일에 몇 번이 20%, 한 달에 한두 번이 13%, 몇 달에 한 번이 21%, 전혀 읽지 않는다가 19%로, 습관적 독자가 많다. 여성이 남성보다 녹서율이 더 높고 더 자주 읽는다. 연령별 독서율 차이는 별로 없고, 평생 독자가 많다.

미국의 독서교육은 영유아기 때부터 시작한다. 영유아에게 책을 읽어주는 프로그램을 진행하고, 자기가 읽은 동화책의 작가와도 만남을 주선한다. 도서관에서는 다양한 레크레이션 프로그램을 진행하고, 독서 클럽을 운영하기도 한다. 1900년대부터 각 도서관마다 어린이 독서교육 전문가를 두었고, 독서능력진단검사를 실시하여 단계에 맞는 책을 읽게 한다. 일반적으로 소득이 높은 사람일수록 책을 많이 읽는 경향이 있다. 마찬가지로 사회적 지위가 높은 백인이 소수인 종보다 더 많은 독서를 하는 '독서의 양극화'를 띄고 있어 이를 해결하기 위하여 미국은 많은 노력을 하고 있다. 즉 금전적 빈곤이 정서적 빈곤으로 이어지지 않기 위하여 다양한 프로그램을 진행하고 있다.

미국은 1950년대 초반 이후로 약 300,000여 개의 새로운 학교도서관을 세우는 등 독서환경을 개선하기 위하여 많은 정책적·재정적 투자를 해오고 있다. 전 클린턴 대통령의 부인인 힐러리 여사는 '자녀를 무릎에 앉히고 책 읽어주기 운동(Reading on the Knee)'을 펼쳐 독서 바람을 일으키기도 하였다.

미국은 주별로 도서관 정책 및 독서 정책을 입안하고 시행한다. 연방정부의 독립기관으로 박물관, 도서관서비스진흥기구(IMLS)가 주마다 연방정부의 보조금을 지원받고 도서관 및 독서 문화와 관련된 자문, 조사 연구, 통계 등을 담당한다. 미국은 사서들의 연합인 미국도서관협회의 활동이 매우 활발하며 도서관 정책에 영향력이 높다.

앤드류 카네기(1835~1919)는 "다른 사람이 한 모든 것은 그 누구도 할 수 있다(Anyone can do anything)"고 말했다. 미국 최고의 부자였던 철강회사 대표 앤드류 카네기는 "부자인 채로 죽는 것은 부끄러운 일이다(To die rich is to die disgraced)"라고도 말하며, 전 재산의 90%를 미국 47개 주에 3,000개 이상의 공공도서관을 세우고, 대학교를 세우는데 기부하였다.

미국의 공공도서관은 9,082개이고 학교도서관은 98,460개(2015년 4월, ALA)이다. 14세 이상 국민의 69%가 도서관 회원이다. 미국의 도서관은 학습 및 교육 프로그램뿐 아니라, 취업·창업·경제활동과 관련된 읽고 쓰기 프로그램과 컴퓨터 테크놀로지를 활용한 읽고 쓰기 프로그램도 적극적으로 제공한다.

미국의 대표적인 독서진흥 프로젝트로 '독서는 기본(Reading is Fundamental)', '퍼스트북', '리딩 리커버리', '책 배틀', '개에게 읽어주기', '문학 작가에게 편지 쓰기', '한 도시 한 책 읽기', '도서관을 사랑해', '아메리칸 느님 스타드', '달리 스토어 프로젝트' 등이 있다.

미국은 90년대 말부터 공공도서관에 청소년실을 새로 설치하거나 리노베이션하고 있다. 낮아지는 청소년의 독서율과 독서 흥미를 높이기 위해, 청소년의 특성에 맞는 청소년 전용공간을 제공한다. 또한 청소년 서비스를 위해 예비 사서를 위한 청소년 사서 양성과정이 전문화되어 있다.

영국의 독서진흥정책과 활동

영국인의 독서율은 81.1%로 OECD 국가 중 상위권이다. 매일 읽는 독자가 32.6%, 일주일에 몇 번 읽는 독자가 19.2%, 한 달에 한두 번 읽는 독자가 11%, 몇 달에 한 번 읽는 독자는 18.3%, 전혀 읽지 않는 이들은 18.9%이다. 습관적 독자의 비율이 51.8%로 매우 높다. 여성의 독서율이 전 연령대에 걸쳐 높으며, 연령이 높을수록 독서율이 높아진다.

영국은 0~1세의 영아들에게 책을 나눠주는 북스타트 운동을 진행하여 어려서부터 책 읽는 습관을 길러주고 있다. 매년 65만 명의 신생아가 이 프로그램에 참여하고 있고, 국가 교육 지침인 '내셔널 커리큘럼'도 읽기 교육을 강조하여 상상력과 창조력, 비판력을 기르게 하고 있다. 셰익스피어의 탄생일이자 유네스코가 지정한 '책의 날'인 4월 23일에는 북 토큰(Book Token)이라는 1파운드짜리 쿠폰을 모든 아이들에게 선물하여 어린이들이 책 읽기에 대한 관심을 기를 수 있도록 하고 있다. 또 영국의 초등학교에서는 교사와 학생이 매일 책을 읽고 토론할 수 있는 학급별 도서관을 가지고 있다.

영국의 공공도서관 수는 4,145개 (2014년, LISU)이다. 영국인의 연간 도서관 방문율은 5~15세는 70.3%, 16세 이상은 34.5%(Office for National Statistics(UK), 2015)이다. 저소득층, 장애인, 소수인종의 이용률이 높아, 도서관이 사회적 약자의 지식정보 접근성을 보호하고 강화하는 기능을 하고 있다.

영국의 공공도서관은 지방정부가 관리하고 운영한다. 독서진흥정책은 중앙정부의 문화·미디어·스포츠부(DCMS)가 영국예술위원회(Arts Council England)를 통해 실행한다. 영국예술위원회는 주로 다양한 독서 관련 기획자와 북트러스트, 전국독서재단, 리딩 에이전시 등 민간단체의 프로젝트를 재정적으로 지원한다. 대부분의 프로그램은 저자, 일러스트레이터, 출판사, 학계, 서점, 도서관, 학교, 기업, 방송, 독자 모임 등과의 창의적인 협업으로 이루어진다.

영국의 대표적인 독서진흥 프로젝트는 '북스타트', '책수다모임(Chatterbooks)', '북타임', '프리미어리그 리딩 스타', '여름방학 독서챌린지', '리딩 해크', '학교도서관 패키지', '리딩 어해드', '책은 내 가방', '리딩 웰', '도시에 책을', '모두를 위한 독서동아리'가 있다.

영국은 독자와 비독자에 대한 양적 질적 연구가 활발하고, 연구를 통해 비독자의 특성을 찾아낸다. 그리고 그들의 독서 경험, 독서에 대한 편견, 독서 태도, 독서 환경, 관심사에 맞는 맞춤형 독서진흥 프로젝트를 구상한다.

핀란드의 독서진흥정책과 활동

핀란드는 북유럽 발트해에 맞닿는 '호수의 나라'라는 의미로 덴마크, 스웨덴, 노르웨이, 아이슬란드와 함께 북유럽에 있는 선진국 중의 하나다. 인구는 550만 명, 영토는 대한민국의 3배 정도가 된다. 발트해는 서해안에서 6개월, 남해안에서 4개월 동안 얼어붙고, 국토의 75%가 삼림 지역이다. 스웨덴과 소련이라는 2대 강국에 끼여 역사적으로 많은 고난을 겪어 왔다. 1155년 스웨덴에 정복되어 스웨덴의 일부로 병합되었고, 1809년 러시아의 자치령이 되었다. 이후 1918년 독립하게 되는데, 2차 세계대전이 시작하고 핀란드는 소련의 침약을 받기도 하였고, 독일과 동맹을 맺어 영토의 일부를 회복하기도 했다. 2차 세계대전 이후 정치적 중립을 선언하였고, 소련으로부터 원유와 지하자원을 공급받아 1970년 오일쇼크에서도 큰 타격 없이 경제성장을 이어갈 수 있었다. 소련이 붕괴되고 소련에 목재 수출 비율이 낮아지면서 1990년대 심각한 경제불황을 겪다가 러시아 경제가 좋아지는 1990년대 말에 다시 경제가 좋아지게 되었다.

핀란드는 언론자유지수 세계 1위, 국가 청렴도 세계 1위, 부패인식 지수 세계 3위, 교육경쟁력 1위, 인구당 도서관 비율 1위, 국민 1인당 장서 수 1위, 도서관 이용률 1위 등 맑고 깨끗한 정신을 가지고 있는 나라다. 그들이 독서와 같은 정신에 투자한 것은 독서가 바로 국가 경쟁력이라고 생각했기 때문이다. 책을 제대로 읽지 못하거나, 그 내용을 제대로 파악하지 못하면 국가의 발전도 없다고 생각하기 때문이다. 그래서 독서능력진단검사를 통해 독서능력이 낮은 사람을 독서장애인으로 구분하여 독서교육을 시킨다. 그래서 초등학생들에게 도서관에서 하루씩 묵는 프로그램을 운영하고, 도서관 사서는 일주일에 2번씩 초등학교에 가서 책을 읽어주기도 한다. 도서관을 학교 수업의 연장선으로 보는 것이다. 어릴 때부터 도서관을 자주 접하고 이용하니 국민 모두가 평생 책을 읽고, 직업과 상관없이 자유롭고 원활한 의사소통을 하고, 사회적 공감대를 형성하고 있다. 이로써 핀란드의 독해력은 세계 1위를 고수하고 있고, 국제비교연구(PISA)에서 읽기, 수학, 과학에서도 언제나 최상위를 지키고 있다.

핀란드인의 독서율은 83.4%로 최상위이다. 또한 도서관 이용율도 높아, 인구의 90%가 도서관 회원이며, 연간 도서관 방문율도 67%로 세계에서 가장 높다. 핀란드인은 매일 읽는 독자가 16.2%, 일주일에 몇 번 읽는 독자가 21.4%, 한 달에 한두 번 읽는 독자가 17.1%, 몇 달에 한 번 읽는 독자는 28.7%, 전혀 읽지 않는 비독자는 16.6%이다. 전 연령대에 걸쳐 여성의 독서율이 남성보다 높지만, 연령별 독서율과 독서 빈도 차이는 없다.

핀란드의 공공도서관은 지방자치정부가 운영한다. 중앙정부의 교육문화부가 학교와 도서관의 독서교육과 문화를 총괄한다. 공공도서관 수는 756개(2014, 핀란드 공공도서관 통계)이며, 인구희박지역을 위해 142개의 버스 모양의 이동도서관이 운영된다. 1인당 연간 도서관 지출액(63유로)이 EU 가운데 독보적인 1위이다. 핀란드에는 도서관 건축가에 의해 건물부터 실내장식, 의자까지 디자인된 현대적이고 아름다운 도서관이 많다. 핀란드인은 도서관이 사회적 약자에게 평등한 접근성을 제공한다는 인식을 가지고 있다.

핀란드의 도서관 중 1/3은 학교와 어린이집 주위에 설치되어있다. 따라서 규모가 작은 학교는 학교도서관을 별도로 마련하기보다 공공도서관과 협업한다. 교육문화부가 학교와 도서관을 모두 담당하기에 이러한 협업은 행정적으로 원활히 이루어지며, 모든 학교와 공공도서관은 서로 담당자를 두고 협력해야 할 의무를 지닌다. '독서의 즐거움' 프로젝트는 이러한 협력의 사례이다.

핀란드의 대표적인 독서진흥 활동으로는 '작가 데이터베이스', '작가 방문', '사서 예약제', '독서의 즐거움', '학습동아리 지원' 등이 있다.

프랑스의 독서진흥정책과 활동

프랑스의 독서율은 우리나라와 비슷한 74.7%이다. 그러나 독서 빈도를 살펴보면, 매일 읽거나 일주일에 한두 번 읽는 습관적 독자의 비율이 40%로 우리나라의 25%보다 높다. 성별 독서율 차이는 14.3%로 여성이 높으나, 연령별 독서율 차이는 거의 없다.

프랑스 독자들은 서점을 통해 책을 구입해서 읽는 비율이 높다. 완전한 도서정가제를 시행하고, 서점에 대한 다양한 지원정책이 있기 때문에 문화공간으로서 서점이 건재하다. 또한 학령기 동안 철학 수업이 이루어져, 인문학 독자의 수가 많다.

프랑스의 독서진흥정책은 중앙정부의 '도서 독서국'을 통해 이루어진다. 도서 독서국은 도서관뿐 아니라, 작가, 출판사, 서점, 고문서 보관소, 독서 행사 기획자 등 모든 독서의 생태계를 포괄하여 지원한다. 따라서 독서 축제나 독서 행사, 관련 종사자 재교육, 문자유산의 디지털화 등 하나의 프로젝트에 독서 생태계 전체가 참여하는 사례가 많다.

지방자치단체도 도서 독서국을 두고, 웹 사이트와 SNS를 통해 지역의 독서생태계 전체에 대한 정보를 제공한다. 지역에서 일어나는 모든 독서행사, 지역 작가, 지역 출판사, 도서관 등에 대한 정보를 한눈에 파악할 수 있다. 중복 행사와 지원으로 인한 독서 예산의 낭비를 막고, 지역 내의 다양한 독서 관련 단체와 개인의 협력을 촉진한다.

프랑스의 대표적인 독서진흥 활동으로 '첫 페이지', '어린이 독서챔피언', '읽기와 읽히기', '문학 친구', '독서축제, 당신이 읽을 차례', '10단어를 말해요' 등이 있다.

일본의 독서진흥정책과 활동

일본의 초·중·고 4만여 학교 중에서 절반에 해당하는 2만 4,394개 학교가 모두 아침독서를 하는 것으로 밝혀졌다.[27] 인원으로 따지면 약 780만 명의 학생이 아침 책읽기를 하고 있는 것이다. 일본학교에서 시행하고 있는 아침 독서는 매일 아침 수업 시작 전 10분간 학생과 선생님 모두 자신이 읽고 싶은 책을 읽는다. 물론 독후감이나 독서목록을 작성하지 않고, 경쟁과 평가가 없는 순수한 독서교육이다. 이는 1998년부터 시행된 독서교육으로 '모두가, 매일, 각자 좋아하는 책을, 그냥 읽는다'는 4원칙 아래 진행된다고 한다. 실제 이 독서법을 실천하면서 '독서를 싫어하는 아이가 사라졌다', '학생들의 태도가 차분해졌다', '집단 따돌림이 없어졌다', '독해력이 향상됐다' 등

---

27) 일본 공명신문, 2007. 4. 24.

많은 효과가 확인되었다고 한다.

　일본의 〈아침독서운동〉이 전개된 것은 태평양 전쟁 후 일본 학생들의 독서기피현상이 심화되었기 때문이라고 한다. 1997년 전국학교도서관협의회에서 실시한 제43회 학교독서조사에서 초·중·고생의 한 달 독서량은 각각 6.3권, 1.6권, 1권으로 조사를 실시한 이래 최저를 기록하였다고 한다. 당시 일본의 독서이탈현상이 일어난 이유는 고성능 비디오 게임이 붐을 일으켜 어른과 아이 모두 게임에 빠졌고, 가정에서도 TV에 몰입하는 사회현상이 일어났기 때문이다. 동시에 학교에서는 집단따돌림과 연쇄살인 같은 각종 범죄가 발생하였다고 한다.

　아침 독서 추진협의회 오쓰카 에미코 이사장은 이러한 사건이 발생한 후 주입식 교육에 충실했던 교육현장에서 '심성 교육'의 중요성을 깨닫고 아침독서운동을 시행했다. 그 후 해마다 평균 200개교씩 늘어나던 아침독서학교가 평균 3,000개로 증가하고, 문자활자문화진흥법까지 제정하여 도서관 수를 늘려 모두가 문자와 활자의 혜택을 누리는 환경을 만들고 읽는 힘, 쓰는 힘, 조사하는 힘을 기르게 하는 책임을 국가와 지방자치단체가 지게 하였다. 일본이 아침독서가 성공할 수 있었던 최대 이유로 감상문을 요구하지 않았다는 것을 뽑는다. 이로써 독서에 친근감을 느끼게 되었고, 모든 학력의 토대가 되는 독해력이 늘어나면서 학문의 깊이가 더해졌다고 평가한다.28) 일본의 인사들은 일본이 전쟁 후 잿더미에서 세계 경제 2위에 오를 수 있었던 이유를 바로 책 읽기에서 찾고 있다.

---

28) 일본 2만5천여 학교에서는 왜 아침독서를 하나, 오마이뉴스, 2008. 8. 5.

일본의 도서관은 3,246개(2014년, 일본도서관협회)로 지방자치단체가 운영하며, 독서진흥정책은 문부과학성을 통해 이루어진다. '문자 활자문화 진흥법'을 제정하여 중앙정부가 독서정책에 적극적으로 개입한다. 일본의 대표적인 독서진흥 활동으로 '아침독서운동', '북스타트', '독서주간과 어린이 독서주간', '독서마을', '학교노서관에 대한 공공도서관 지원사업' 등이 있다.

일본은 초고령 사회로 시니어에 대한 출판, 서점, 도서관 서비스가 활발하다. 신체적 장애로 도서관 이용에 어려움이 있는 비활동적인 시니어를 위한 도서 택배 서비스, 낭독 서비스 뿐 아니라, 건강하고 활동적인 시니어를 위한 창업, 취업, 건강, 평생학습 서비스도 제공한다.

우리나라의 독서진흥정책과 활동

우리나라에도 2006년 〈독서문화진흥법〉이 제정뿐만 아니라 도서관법29), 저작권법30), 출판문화산업진흥법31), 인쇄문화산업진흥법32),

---

29) 1994. 3. 24.(법률 제4746호)
30) 1957. 1. 28.(법률 제432호)
31) 2002. 8. 26.(법률 제6721호)
32) 2007. 7. 19.(법률 제8532호)

잡지 등 정기간행물의 진흥에 관한 법률33) 등 국가 차원에서 독서활동의 진흥을 위한 노력이 있었다.

교육부에서는 2009년 '책 읽는 학교문화'를 위한 〈학교독서교육 및 도서관 활성화 방안〉을 발표하여 교사와 학생 그리고 학부모의 독서 동아리 활동을 지원하였고, 책 읽기를 통한 학습 부진 학생을 지도, 독서 치료 프로그램 및 도서관 활성화 지원을 하였고, 2015년 초·중등 독서교육 활성화 사업에서 학생 인문 책 쓰기 동아리 지원과 교과 독서교육을 지원하였다. 국방부에서는 2015년 병영의 독서활동을 지원하기 위하여 도서와 정기간행물을 구입하였고, 법무부에서는 교도소와 교정시설에 독서활동을 지원하기도 하였다.

2013년 말 기준으로 우리나라 공공도서관 수는 865개관으로 봉사대상 인구수는 59,123명당 1개관 수준으로 독일(10,060명), 영국(14,826명), 미국(34,493명), 일본(39,813명) 등에 비하여 도서관 수와 서비스 질이 낮은 편이다.34)

2014년도 현재 우리나라는 지자체를 중심으로 '사회적 독서 진흥기반 조성', '생활 속 독서문화 정착', '책 읽는 즐거움의 확산', '함께하는 독서복지 구현' 등 4개의 독서 관련 사업을 진행하고 있다. 지자체의 독서진흥 사업은 '사회적 독서 진흥기반 조성'과 관련된 사업

---

33) 2008. 6. 3.(법률 제9090호)

34) 〈2015년 독서진흥에 관한 연차보고서〉, 문화체육관광부

중 '지역 독서 공동체 조성'과 관련된 사업 비중이 높은 편이며 '우수 독서자료 지원'과 '디지털 독서문화 확산'과 관련한 사업 비중은 상대적으로 낮아 사업 계획과 추진에 있어 균형성을 고려해야 할 것으로 보인다. 또한 '지역의 독서환경 조성'과 관련해 사업 대상의 폭을 지역 내 민간기업 등으로 확장하려는 노력이 요구된다.

'생활 속 독서문화 정착'을 위한 사업 추진은 생애 주기별 독서 프로그램과 독서동아리 지원 사업이 가장 활발하게 추진되고 있으며 다양한 매체를 통한 독서 참여확산, 독서정보 DB 구축 및 운영 등과 관련한 사업이 부족한 것으로 나타난다.

'책 읽는 즐거움의 확산'의 경우 전 국민을 대상으로 하는 가정의 달과 독서의 달을 중심으로 한 독서행사 형태가 가장 일반적인 것으로 나타난다. 이러한 행사는 글짓기 공모, 책 벼룩시장, 문화공연 등으로 구성돼 어린이뿐 아니라 성인들까지 참여가 확대되었다. 도서관에서 방학 기간 동안 독서 활동뿐 아니라 그림 그리기, 글짓기 활동을 장려하는 프로그램이 활발히 진행되었다.

소외계층을 대상으로 하는 사업들은 독서환경이 조성되어 있지 않은 저소득층 자녀, 장애인, 노인, 군인들을 대상으로 도서관 접근성을 높이기 위해 이동도서관 운영이나 도서 택배 서비스 등에 집중하고 있다. 병영에 대한 독서환경 조성 사업은 비중이 상대적으로 낮아 군과 지속적으로 연계하는 지자체의 노력이 요구된다.[35]

---

35) 〈2015년 독서진흥에 관한 연차보고서〉, 문화체육관광부

chapter 9
지식서와 수필서 추천

자신이 무엇을 잘하는지, 무엇을 좋아하는지 모르
겠다면 자신이 가장 많이 아는 것이 무엇인지를 생
각해 보아라. 당신이 가장 많이 아는 것이 당신이 가
장 좋아하는 것일 확률이 많다. 그렇게 지식서는 당
신이 관심이 있는 것으로 시작하면 된다.

지식서와 수필서 추천

> 양서를 읽는 것은 지난 몇 세기 동안에 걸친
> 가장 훌륭한 사람들과 대화를 하는 것과 같다.
>
> -데카르트

책은 사유의 거름이 된다. 같은 것을 보아도 더 많은 것을, 그리고 더 창의적인 것을 생각하게 되는 것은 책을 통하여 길러진 사고의 깊이 때문이다. 독서의 목적은 책을 읽음으로써 삶에 유익한 지식과 정보를 얻고, 즐거움과 행복을 경험하는 것이다. 독서는 자신의 삶을 올바른 방향으로 이끌고, 삶에서 만나게 될 고난을 헤쳐나가게 하는 지혜를 준다. 아마 우리나라를 '세계 제1의 자살 공화국'으로 만든 것은 모든 정신을 빠른 시간 안에 경제 재건을 위하여 쏟아 붓느라 신경 쓰지 못한 독서의 결핍에서 생겨난 부작용일지도 모른다.

독서의 중요성과 우리나라 독서의 문제점이 지적받아온 일들은 어제 오늘의 이야기가 아니다. 우리나라 공교육에서 독서의 위치는 아직도 제자리걸음을 하고 있다. 이는 학교 수업과 성적에 교육의 목적을 두고 있는 풍토가 개선되지 않았기 때문이다. 학교 교육이 대학입시에 함몰되어 독서를 멀리하게 만들었다. 공교육이 오직 대입성적을 위해서 최적화되어있을 뿐이다. 독서를 공교육에서 다루지 않고, 온전히 개인에게 맡겨져 있기 때문에 책을 가까이하지 못하고 있다. 이를 위해선 초등·중등·고등 과정에서 의무적으로 오전의 1~2시간은 독서를 위한 시간으로 정하는 등 독서에 관한 제도적 측면에서 개선이 이루어져야 할 것이라고 생각한다.

또 책을 읽고자 하는 학생이나 직장인도 막상 어떠한 책을 읽어야 하는지 모르는 경우가 많다. 그래서 보통 추천도서부터 시작하는 경우가 많은데, 그 분량과 난해함에서 책 읽기의 재미를 평생 느끼지 못하는 경우가 대부분이다. 보통 어느 기관이나 대학의 추천서를 보면 고전이 많다. 하지만 독서에 익숙하지 않은 사람이 두껍고 어려운 고전부터 읽으면 재미를 느끼기 쉽지 않다. 세계의 명저라고 추천되어 지는 책들은 쉽게 쓰여진 책들이 아니다. 일생을 바치거나 오랜 시간 동안 쓰여진 책들이어서 철학적인 내용들이 함축되어 있고, 그 양도 또한 어마어마한 것들이 많다. 그래서 고전만을 읽으라고 강조하거나, 어려운 고전으로 독서를 시작하는 것은 비기너(Beginer)들에게 쉽지 않다. 책을 고를 때는 당신의 관심영역에 있는 책을 먼저 골라라. 그러면 책 읽는 것에 흥미를 느끼게 될 것이다. 학교나 기관의 추천도서에 너무 연연해하지 말고, 자신이 관심이 있거나 자기개발서부터 읽는 것도 좋다. 만화책도 좋고, 흥미 위주의 책도 좋다. 자신이 어떤 분야에 흥미를 느끼는지 모른다면 다양하게 책을 읽어 보아라. 경제학, 의학, 철학, 법학, 심리학, 천문학 등 각 분야의 책들을 몇 권씩 골라서 책을 읽다가 재미를 느끼면 그 분야의 책을 더 읽어라. 그러다가 흥미가 사라지면 다시 다른 분야의 책을 고르면 된다. 그런 식으로 책을 읽으면 자신이 어느 부분에 재미를 느끼는지 알 수가 있다. 그 다음 책을 읽는 소화능력이 생기면 조금 어려운 고전도 읽고, 다양한 책을 읽도록 해라.

공부를 잘하고 싶으면 공부방법론에 대한 책을 읽어라. "이렇게 해보니 공부를 잘하게 되더라"라는 책을 읽어보고 그렇게 해보아라. 그런 후 많은 방법들 중에서 자신에게 맞는 것을 골라라. 그러면 당신도 공부를 잘하게 될 것이다. 그림을 잘 그리고 싶으면 그림을 많이 그려 보아야겠지만, 그림 그리는 다른 사람들의 방법에 대한 책도 읽어 보아라. 그림 그리는 여러 가지 방법들을 공부해 보면 그 실력이 좋아질 것이다.

이러한 독서를 습관화하기 위해서는 첫 번째로 독서환경이 중요하다. 집이나 교실 같은 곳에 책이 많이 있어야 하고, 하루 1시간에서 2시간 정도 책을 읽을 수 있는 독서시간을 주고, 부모님이나 친구들이 독서를 하고 토론하는 환경이면 자연스럽게 독서환경이 된다. 또 독서란 즐거운 것이라는 인식을 심어주어야 한다. 두 번째, 독서가 자신의 수준에 맞는 적절한 난이도가 되어야 한다. 독서에 익숙하지 않은데 너무 높은 수준의 책을 읽은 것은 독서의 흥미를 잃어버리고, 오히려 책을 멀리하게 만든다. 일정한 수준이 오를 때까지는 쉬운 책으로 독서능력을 키우는 것이 중요하다. 세 번째, 한 분야에 관한 책을 100권 읽어 보아라. 한 분야를 깊이 있게 파보면 그 분야의 깊은 지식이 쌓이는 것뿐만 아니라 연구능력이 생긴다. 그 한 번의 경험으로 다른 어떤 분야든 스스로 연구하며 깊은 지식을 쌓을 수 있다. 그 한 번의 경험을 해보느냐 못해보느냐에 따라서 당신의 인생이 바뀔 수 있다. 왜냐하면 깊이 읽는 경험을 해보면 자신이 맡고 있는 분야의 연구능력을 기를 수 있기 때문이다. 배운 것을 잘 익히는 학습능력도 중요하지만, 새로운 것을 만드는 것은 바로 연구능력이기 때문이다. 이 연구능력이 개인의 깊이뿐만 아니라 국가의 경쟁력도 가져오는 것이다.

가끔 "공부할 시간도 없는데 책 읽을 시간이 어디 있나"라고 생각하는 학생들이 있다. 그렇다고 그런 친구들이 자신의 시간을 공부에 올인하는 것도 아니고, 또 좋은 성적을 받는 것도 아니다. 공부가 인생에 단기적으로 영향을 미친다면, 독서는 인생 전체에 그 영향을 미친다. 학교에서 배우는 교과서를 완벽하게 소화하고, 주어지는 시험에 좋은 성적을 얻는 것이 절대로 교육의 목적이 아니다. 새로운 시대를 열고, 이끌어가는 사람은 무언가 다르고 새로운 것을 만들어 내는 사람이다. 즉 창의적인 사람이 세계를 변화시키고, 사람들의 관심과 이목을 이끄는 리더가 되는 것이다. 이러한 창의적인 사람은 바로 독서에 의하여 만들어진 사람이다. 가슴은 죽어있고, 암기력만 뛰어난 사람만 만들어 가는 교육에서 탈피해야 할 것이다.

모든 책에는 그 책을 표시하는 ISBN이 있다. 전 세계는 1960년~70년대 거의 모든 상품에 바코드를 통하여 쉽게 식별처리를 할 수 있도록 하였다. 마찬가지로 1969년에 ISO(국제표준화기구)의 회의에서 모든 책마다 고유번호를 부여하기로 결정하여 ISBN(International Standard Book Number)을 부여하게 되었다. 정기간행물에는 ISSN(International Standard Serial Number)를 부여하여 모두 10개의 숫자, 4개 부분으로 나누어져 있다. 첫 번째 부분은 나라와 국어, 두 번째 부분은 발행처인 출판사, 세 번째는 책 이름, 마지막 네 번째는 체크기호를 나타낸다. 그리고 끝부분에 떨어져 있는 5자리 숫자는 부가기호로 발행자를 표시한다.

도서관에서 책을 빌릴 때에는 도서분류표를 기억하면 쉽게 찾을 수 있다. 국내 도서관에 있는 책들은 거의 모두 한국십진분류표 (KDC, Korea Decinal Classification)에 의하여 분류되어 있다. 분류기호는 모든 책을 000에서 999으로 나누어 놓은 것을 말한다. 000은 총류로 한 가지 주제로 정하기 어려운 것들 즉 백과사전같이 모든 학문과 연관되어 있는 것으로 분류되고, 100은 철학, 200은 종교, 300은 사회과학(사회학, 법학, 정치학, 경제학, 교육학 등), 400은 순수과학(수학, 화학, 물리학 등), 500은 기술과학(의학, 농업, 기계공학 등), 600은 예술(음악, 미술, 무용, 운동 등), 700은 어학, 800은 문학, 900은 역사, 지리, 전기(傳記)로 나누어진다.

보통 흥미와 재미는 자신이 많이 알고 있는 것에 느끼게 된다. 부모님이 의사면 의사에, 법관이면 법관이 되는 경우가 많은데 이것이 자연스럽게 그 분야를 자주 접하여 그 지식이 쌓이고, 많이 알게 되니 흥미를 느껴서 그런 것이라 볼 수 있다. 자신이 무엇을 잘하는지, 무엇을 좋아하는지 모르겠다면 자신이 가장 많이 아는 것이 무엇인지를 생각해 보아라. 당신이 가장 많이 아는 것이 당신이 가장 좋아하는 것일 확률이 많다. 그렇게 지식서는 당신이 관심이 있는 것으로 시작하면 된다. 다음은 괜찮은 수필서를 추천해 볼 테니 자신에게 맞는 책을 골라 읽어 보아라.

❖ 『논어』 -공자

공자의 말을 모아 기록한 책으로 유가(儒家)의 성전(聖典)이다. 공자와 그의 제자들이 주고받은 문답이 주가 되고, 공자의 발언과 행적이 기록되어 있다.

❖ 『맹자』 -맹자

맹자가 고향으로 돌아와 제자들과 유학에 대하여 토론한 것들을 기록한 책이다. 덕에 의한 정치 즉 왕도정치와 성선서 등에 대하여 기록되어 있다.

❖ 『대학』 -자사

공자의 손자인 자사의 저작으로 알려져 있다. 내용은 삼강령 팔조목으로 구성되어 있고, 강령은 모든 이론의 으뜸이 되는 큰 줄거리라는 뜻을 지니며, 명명덕(明明德, 자신의 밝은 덕을 밝게 드러낸다), 신민(新民, 자신의 덕으로 백성을 새롭게 한다), 지어지선(止於至善, 최선을 다하여 가장 합당하고 적절하게 처신하고 행동한다)이 이에 해당되고, 팔조목은 격물(格物)·치지(致知)·성의(誠意)·정심(正心)·수신(修身)·제가(齊家)·치국(治國)·평천하(平天下)를 말한다.[36]

❖ 『중용』 -자사

인간의 참된 본성에 대하여 기록한 책으로, 지나치거나 미치지 못함이 없는 꼭 알맞은 행동에 가치를 둔 책이다.

❖ 『명심보감』 -추적

고려 충렬왕 때 추적이 편찬한 것으로 전해지며, 고려시대 어린이들의 학습을 위하여 중국 고전에 나온 명구를 모은 책이다.

❖ 『소학』 -유자징

송나라 주자의 제자로 그의 지시에 때라 유자징이 편찬한 책이다. 8세 안팎의 아이들에게 유학을 가르치기 위해 만든 책이다.

---

36) 『한국민족문화대백과』, 한국학중앙연구원

❖ 『성경』

기원전 1000년경부터 기원후 2세기 동안 기록한 기독교의 경전이다. 구약과 신약으로 이루어져 있으며, 30여 명의 저자에 의하여 기록되어 있다.

❖ 『국가』 -플라톤

소크라테스가 어떤 사람과 대화하는 형식의 글로써, 정의에 대한 글들이 적혀있다.

❖ 『차라투스트라는 이렇게 말했다』 -니체

철학자 니체의 대표적인 철학서이다.

❖ 『역사의 연구』 -토인비

문명의 발전은 '도전과 응전'에 의하여 성장하고 쇠퇴한다는 원리로 설명한 책.

❖ 『사기』 -사마천

동양뿐만 아니라 세계의 고전으로 꼽히는 중국 역사서.

❖ 『역사』 -헤로도토스

역사의 아버지라고 불리는 헤로도토스의 책으로 기원전 5세기 집필된 최초의 역사책이다.

❖ 『노자』 -도덕경

중국 춘추시대의 사상가인 노자의 책

❖ 『오디세이아』 -호메로스

고대 그리스의 서사시

❖ 『소크라테스의 변명』 -플라톤

소크라테스가 고발당하고 죽음에 이르기까지의 이야기를 적은 글이다.

❖ 『손자병법』 -손무

손무의 병법서

❖ 『삼국지』 -나관중

중국 위촉오 3국의 역사책이다.

❖ 『신곡』 -단테

지옥과 연옥, 그리고 천국을 이야기하는 책

❖ 『삼봉집』 -정도전

조선의 개국공신인 정도전의 문집

❖ 『신학대전』 -토마스 아퀴나스

이탈리아의 철학자 토마스 아퀴나스의 책으로 신과 자연, 그리고 인간에 대한 사상을 기록한 책

❖ 『국부론』 -애덤 스미스

영국의 경제학자인 애덤 스미스의 저서로 정식명칭은 '국가의 부의 성질과 원인에 관한 고찰'이다.

❖ 『채근담』 -홍자성

중국 명나라 홍자성의 책으로 전편은 사람과의 교유를, 후편에는 자연에 대한 즐거움을 기록하였다.

❖ 『시경』 -공자

중국에서 가장 오래된 시집

❖ 『로마제국 쇠망사』 -에드워드 기번

로마의 흥망성쇠를 기록한 역사서

❖ 『행복의 정복』 -버트런드 러셀

행복을 얻는 방법에 대한 책

❖ 『자치통감』 -사마광

중국의 역사서

❖ 『폭풍 한가운데』 -윈스턴 처칠

정치가인 처칠의 자서전

❖ 『정치학』 -아리스토텔레스

아리스토텔레스가 강의한 책

❖ 『정치 경제 입문서』 -헨리 포셋

당시 커다란 논란을 일으킨 찰스 다윈의 '진화론'을 지지한 경제학자의 책

❖ 『군주론』 -마키아벨리

많은 도시 국가로 나누어진 이탈리아가 다른 국가들로부터 침략의 위기에 놓이자 마키아벨리가 강력한 시민적 군주의 출현을 희망하여 쓴 책

❖ 『빈곤문제』 -J. A. 홉슨

영국의 빈곤문제를 다룬 책

❖ 『고대 로마의 노래』 -토머스 매콜리

영국의 정치가인 매콜리의 저서

❖ 『인생론』 -쇼펜하우어

염세주의 철학자인 쇼펜하우어의 대표적인 책

❖ 『팡세』 -블레즈 파스칼

프랑스의 철학자인 파스칼이 먼저

❖ 『노예의 길』 -프리드리히 하이에크

사회주의를 비평한 책

❖ 『케네디 가의 영재교육』 -로즈 케네디

존 F. 케네디의 어머니의 교육에 대한 생각을 기록한 책

❖ 『자서전』 -존 스튜어트 밀

밀이 받은 교육과 그의 사상에 관한 글

❖ 『인간의 권리』 -토마스 페인

프랑스 혁명에 대한 반박을 위한 글

❖ 『사회계약론』 -장 자크 루소

루소의 논문형식인 사회철학서

❖ 『실낙원』 -존 밀턴

인간의 원죄에 대한 장편 서사시

❖ 『파우스트』 -괴테

선과 악에 대한 괴테의 소설

❖ 『수상록』 -랄프 왈도 에머슨

미국의 시인인 에머슨의 사상서

❖ 『인간관계론』 -데일 카네기

자기계발서의 원조

❖ 『나의 인생 실험 이야기』 -마하트마 간디

간디의 자서전

❖ 『체게바라 자서전』 -체게바라

❖ 『파인만씨 농담도 잘하십니다』 - 리처드 파인만

노벨 물리학상 수상자인 파인마의 자서전

❖ 『존 스튜어트 밀 자서전』 -존 스튜어트 밀

❖ 『나에게는 꿈이 있습니다』 - 마틴 루터 킹

❖ 『인생은 뜨겁게』 -버트런드 러셀

영국의 수학자이자 철학자인 버트런드 러셀의 자서전

❖ 『벤자민 플랭클린 자서전』 - 벤저민 플랭클린

❖ 『리처드 도킨스 자서전』 -리처드 도킨스

1976년 『이기적 유전자』를 출간하며 과학계에 큰 파장을 일으킨 옥스
퍼드 대학 교수 리처드 도킨스의 자서전

❖ 『나의 여동생과 나』 - 프리드리히 니체

니체의 자서전